나중에 온 이 사람에게도

나중에 온 이 사람에게도

초판 1쇄 발행 | 2019년 2월 25일
3쇄 발행 | 2023년 8월 20일

지은이 | 존 러스킨
주　해 | 마하트마 K. 간디
옮긴이 | 김대웅
펴낸이 | 김형호
책임 편집 | 조종순
디자인 | 표현디자인
펴낸곳 | 아름다운날
출판 등록 | 1999년 11월 22일
주소 | (05220) 서울시 강동구 아리수로 72길 66-19
전화 | 02) 3142-8420
팩스 | 02) 3143-4154
E-메일 | arumbooks@gmail.com

ISBN 979-11-86809-66-2 (03300)

이 도서의 국립중앙도서관 출판예정도서목록(CIP)은 서지정보유통지원시스템 홈페이지(http://seoji.nl.go.kr)와 국가자료공동목록시스템(http://www.nl.go.kr/kolisnet)에서 이용하실 수 있습니다.(CIP제어번호: 2019004634)

나중에 온 이 사람에게도

인간의 얼굴을 한 경제학을 위하여

존 러스킨 지음 | 마하트마 K. 간디 주해 | 김대웅 옮김

아름다운날

존 러스킨은 랭카셔 주 코니스톤에 있는
〈성 앤드류 교회〉의 묘지에 안장되었다.

존 러스킨 탄생 200주년과

마하트마 간디 탄생 150주년을 기리며

차례

옮긴이의 말

　존 러스킨(John Ruskin; 1819-1900)은 영국의 저명한 예술평론가이자 사회비평가로, 1860년 8월에서 12월까지 문예월간지 『콘힐 매거진』Cornhill Magazine에 4편의 경제 평론을 처음 기고했다. 1867년에 선보인 『자본론』 1권보다 7년 먼저 발표된 이 글들은 애덤 스미스와 맬서스, 리카도, 존 스튜어트 밀로 이어지는 영국 주류 경제학과 맞서고 있다는 점에서는 『자본론』과 동일한 의미를 지니기도 한다. 참고로 존 러스킨(1819)은 마르크스(1818)보다 한 살 아래이며 엥겔스(1820)보다는 한 살 위이다.

　러스킨은 이 논문들이 "지극히 비판적이다"라고 말했는데, 보수적인 구독자들의 심한 반발을 일으켜 출판을 금지하라는 압력을 받기에 이르렀다. 이들은 러스킨에게 항의서한까지 보냈으나 러스킨은 즉각 반격에 나섰다. 그리하여 러스킨은 4편의 논문들을 묶어 런던의 워털루 광장에 있던 〈스미스 & 엘더 출판사〉Messrs Smith, Elder & co를 찾았다. 이 출판사는 1839년에 조지 스미스George Smith와 알렉산더 엘더Alexander Elder가 공동으로 설립했는데, 가 업을 이은 조지 스미스의 아들 조지 머레이 스미스가 흔쾌히 출판 을 허락해 1862년 5월 마침내 『나중에 온 이 사람에게도』Unto This Last라는 제목의 단행본으로 세상에 선보이게 되었다. 이 제목은 1900년 1월 20일 사망하여 영국의 북서부 랭카셔 주에 있는 코니스 톤Coniston의 〈성 앤드류 교회〉St. Andrew's Church 묘지에 안장된 자신의 묘비명이기도 하다.

이 책의 제목은 『신약성서』의 '마태복음'에서 포도밭의 일꾼들이 주인과 나눈 대화에서 따온 것이다.

'막판에 와서 한 시간밖에 일하지 않은 저 사람들을 온종일 되약 볕 밑에서 수고한 우리들과 똑같이 대우하십니까?' 하고 따졌다.
그러자 주인은 그들 가운데 한 사람을 보고 '내가 당신에게 잘못 한 것이 무엇이오? 당신은 나와 품삯을 1데나리온으로 정하지 않았 소?
당신의 품삯이나 가지고 가시오. 나는 마지막에 온 이 사람에게

네덜란드의 시인이자 삽화가 얀 로이켄(Jan Luyken)의 동판화 『맨 나중에 온 일꾼』

도 당신에게 준만큼의 삯을 주려고 하오.

내 것을 내 마음대로 처리하는 것이 무슨 잘못이란 말이오? 내

후한 처사가 비위에 거슬린단 말이오?' 하고 말했다.

이와 같이 꼴찌가 첫째가 되고 첫째가 꼴찌가 될 것이다.

—『마태복음』, 20장 12–16

그리고 『구약성서』에도 비슷한 내용이 들어있다.

계약은 그 날로 파기되었다. 나를 고용했던 장사꾼들은 그것이

야훼의 말씀이라는 것을 알았다.

　내가 그 장사꾼들에게 품삯을 주고 싶으면 주고, 말테면 말라고 했더니, 그들은 은(銀) 삼십 세겔을 품삯으로 내놓았다.

─『스가랴서』, 11장 11-12

　'마지막'last은 '맨 나중에 온 일꾼'The eleventh hour labourer으로 온종일 일한 자와 똑같은 임금을 받은 자를 말한다. 여기서 '맨 나중'이라는 뜻의 '열한 번째 시'The eleventh hour는 유대인들이 아침 7시를 첫 번째 시(時)로 보았기 때문에 오후 5시가 된다. 『성서』에서 이는 임종 때의 개종자 혹은 종교에 눈을 늦게 뜬 자로 해석된다. 하지만 러스킨은 종교적인 의미보다는 최저 생활 임금을 누가 받아야 할 것인지에 대한 논의에 이를 접목시켜 사회경제적 함의로 바라보았다.

　앞에서도 말했듯이 이 글은 18, 19세기 자본주의 주류 경제학자들에게 매우 비판적인 시선을 보내고 있다. 이런 점에서 러스킨은 사회 경제학의 선구자로 불리기도 하는데, 이 책에서 그는 자본주의의 폐단과 주류 경제학의 모순을 직시하면서 '악마의 경제학'을 그만 두고 '인간의 얼굴을 한 경제학'을 실행하라고 촉구하고 있다. 또한 러스킨은 산업주의가 생태계에 미친 파괴적인 영향에 대해 신

랄한 비판을 가했기 때문에 몇몇 역사가들은 그를 '녹색운동'Green Movement의 선구자로 간주하기도 한다.

* * *

러스킨의 이 글은 마하트마 간디의 경제철학에 지대한 영향을 미쳤다. 1904년 3월, 간디는 남아프리카 공화국에서 변호사로 일하고 있던 당시 수도 요하네스버그에서 「더 크리틱스」The Critics라는 신문사의 교열기자로 일하고 있던 헨리 폴락Henry Polak을 한 채식주의 식당에서 만나 이 책을 접했다. 간디는 이 책을 읽자마자 자신의 인생을 러스킨의 가르침에 따라 살아가기로 마음먹었다. 뿐만 아니라 모든 사람들이 인종, 국적, 역할에 따른 차별 없이 같은 임금을 받는 농장을 만들기로 작정해 1903년 〈피닉스 정착촌〉Phoenix Settlement을 설립하게 되었고, 거기서 『인디언 오피니언』Indian Opinion이라는 그들만의 신문까지 발행하기도 했다. 이것은 당시로서는 대단히 혁명적인 일이었다.

간디는 자신의 사회경제적 관념의 시금석으로 삼은 러스킨의 이 책을 간추린 다음 『인디언 오피니언』에 9차례에 걸쳐 연재했으며, 1908년에는 인도의 구자라트어로 번역해서 『사르보다야』

Sarvodaya(영어로는 'universal uplift'(보편적 향상) 또는 'progress of all'(모두의 발전)이라는 뜻이다.)라는 제목을 붙여 출판했다. 이것은 그의 마지막 책이 되었는데, 그 후 발지 G. 데사이Valji Govindji Desai가 이 책을 다시 영어로 번역해 『나중에 온 이 사람에게도; 주해본』Unto This Last: A Paraphrase이라는 제목으로 출판했다.

2019년 1월,

존 러스킨 탄생 200주년과 간디 탄생 150주년을 함께 기리며.

성산동에서 김대웅

제1권

나중에 온 이 사람에게도

존 러스킨

친구여, 내가 네게 잘못한 것이 없노라.
네가 나와 일 데나리온으로 합의하지 아니하였느냐? 네 것을 가지고 네 길로 가라.
네게 준 것과 똑같이 내가 마지막에 온 이 사람에게도 주리라.

－『마태복음』제20장 13-14절

너희가 좋게 여기거든 내 값을 내게 주고 그렇지 아니하거든 그만두라, 하매
이에 그들이 은 서른 개를 달아 내 값으로 삼으니라.

－『스가랴』제11장 12절 *

* 이 성경구절은 킹 제임스 판 흠정역이다 － 옮긴이 주.

머리말

⌒

다음 네 편의 평론은 1년 반 전에 『콘힐 매거진』에 연재되었는데, 내가 듣기로는 대다수 독자들로부터 거센 비판을 받았다고 한다.

그러나 나는 전혀 거리낌 없이 이 논문들이야말로 지금까지 내가 쓴 글들 중 그 어느 것보다도 훌륭하며, 가장 진실하고 표현이 적절하며 유익한 글이라고 믿는다. 그중에서도 마지막 평론은 각별히 공들였기 때문에 여태껏 내가 쓴 글들 중 가장 뛰어나다고 생각한다.

독자들은 이렇게 말할지도 모른다. "물론 그럴 수도 있겠지만, 그렇다고 아주 잘 쓴 글은 아니다."라고. 나는 독자들의 그런 반응을 겸허하게 받아들인다. 하지만 이제까지 써온 평론들은 전혀 만족하지 않았으나 이 글만큼은 만족하고 있다. 따라서 빠른 시일 내에 이 평론들에서 제시한 주제들을 보다 심도 있게 탐구할 작정이기 때문에, 이런 개론적인 논평들을 참고하고 싶은 분들에게는 누구나 쉽게 구할 수 있도록 도움을 주고 싶다. 그래서 이 평론들을 원래 발표한 그대로 묶어서 펴내기로 했다. 단지 무게의 값을 바로잡기 위해 수자를 하나 바꾼 것 말고는 그 어느 것도 덧붙인 것이 없다.

　나는 이 평론들에서 수정해야 할 점들을 전혀 찾지 못했지만, 한 가지만은 유감스럽게 생각한다. 그것은 이 평론들 중에서 아주 놀라운 주장, 즉 고정 임금이 보장된 노동 조직의 필요성에 관한 주장이 첫 번째 평론 속에 들어있다는 사실이다. 그것은 내가 지켜내야 할 주장들 중 가장 확실하지 않은 것은 아니지만, 가장 중요하지 않은 것들 중 하나이기 때문이다. 이 평론들의 진정한 요점, 그리고 중심적 의미와 목적은 내가 믿는 바를 처음으로 평범한 영어를 가지고—플라톤과 크세노폰은 훌륭한 그리스어로, 키케로와 호라티우스는 훌륭한 라틴어로 우연히 '부'의 논리적 정의를 내린 적이 종종 있었다.—'부'WEALTH의 논리적 정의를 내리는 것이다. 그러한 정의는 경제학의 기초로서 절대적으로 필요하기 때문이다. 이런 문제에 관해서 근래에 선보인 논문들 가운데 가장 유명한 것은 "경제학 저술가는 주로 부의 본질을 가르치거나 탐구하는 자"[1]라는 문

장으로 시작해서 "모든 사람들은 부가 의미하는 것에 관해서 일상
적 목적에는 충분할 정도로 정확한 개념을 갖고 있다. ……부에 대
해 형이상학적으로 아주 세밀한 정의를 내리는 것은 애초 이 평론
의 구상이 아니다."[2]라고 선언한 것이다.

우리에게는 분명히 형이상학적 세밀함이 필요하지 않다. 하지만
형이하학적 주제에 대한 형이하학적 세밀함과 논리적 정확성은 필
요하다.

연구의 주제가 '집의 법'Oikonomia이 아니라 '천체의 법'Astronomia
이라 가정해보자. 그리고 저자가 '발광하는 부'wealth radiant와 '반사
적인 부'wealth reflective[3]의 차이를 무시하는 것처럼 붙박이별과 떠
돌이별의 차이를 무시한 채 다음과 같이 논의를 시작했다고 치자.
"모든 사람들은 별이 지닌 의미에 대해서 일상적인 목적에는 충분할
정도로 정확한 개념을 갖고 있다. 그렇기 때문에 별에 대해 형이상학
적으로 세밀한 정의를 내리는 것은 이 평론의 목적이 아니다." 이렇

---

1) 둘 중 어느 쪽일까? 연구가 필요한 때는 가르치는 게 불가능하다.

2) 존 스튜어트 밀의 『경제학 원리』 서설 2쪽 ─옮긴이 주.

3) 존 러스킨은 태양처럼 자체 발광하는 부야말로 생명을 생산하는 반면에, 별처럼 반사되어 빛
나는 부는 다른 생명을 지배하는 것으로 보았다 ─옮긴이 주.

게 시작된 평론의 결론이 과연 얼마나 정확할까. 하지만 부의 통속적 개념을 토대로 결론을 내린 논문이 경제학자에게 기여한 것보다는 그런 천문학 논문이 항해자에게 천 배나 많은 도움을 주었을지도 모른다.

그러므로 부에 관해 정확하고 확고부동한 정의를 내리는 것이 다음 글들의 첫 번째 목적이었다. 두 번째 목적은 부의 획득이란 궁극적으로 사회의 어떤 도덕적 조건 아래에서만 가능하다는 사실을 보여주는 것이었다. 그 조건들 가운데 첫째는 정직이 존재한다는 믿음과 실제로 정직성을 획득할 수 있다는 믿음이다.

영국의 시인 알렉산더 포프(Alexander Pope; 1688-1744). 여기서 언급된 주장은 『인간론』 제4장 247행에 나오는 것이다.

신의 창조물 가운데 무엇이 가장 고귀한 것인지 또는 그렇지 않은 것인지를 섣불리 말하지 않더라도(이런 문제에 대한 인간의 판단은 결코 결말을 지을 수 없기 때문이다), 다음과 같은 알렉산더 포프의 주장은 어느 정도 수긍할 수 있을 것이다. 즉 정직한 인간은 눈앞에 보이는 신의 작품들 가운데 가장 뛰어난 것이고, 다소 희귀한 존재이다. 하지만 믿을 수 없거나 기적적인 존재는 아니며, 비정상적인 존재도 아니라는 것이다. 정직은 경제의 궤도를 혼란시키는 불온한 힘이 아니라 일관되고 지배적인 힘이다. 다른 힘에 복종하지 않고 오로지 그 힘에만 복종하면 경제의 궤도는 계속 혼란에 빠지지 않을 수 있다.

포프의 도덕적 규범이 고상하지 않고 저속하다고 사람들이 비난하는 것을 이따금씩 들은 것은 사실이다. "사실 정직은 훌륭한 미덕이다. 하지만 인간은 그보다 훨씬 고상한 미덕에 도달할 수 있다! 우리한테 요구하는 것이 고작 정직뿐이란 말인가?"

오, 선량한 친구들이여, 지금으로서는 그렇다네. 우리는 정직보다 더 고상한 미덕에 도달하려는 열망 속에서 정직의 타당성마저도 잊어버린 것 같다. 그 밖에도 우리가 무엇에 대한 믿음을 잃었는지는 여기서 더 이상 문제 삼지 않겠다. 하지만 우리는 분명히 평범한 정직과 그 활동력에 대한 믿음을 잃어버렸다. 이 믿음의 근거를 이루는 사실들과 더불어 이 믿음을 회복하고 유지하는 것이 우리의 첫 번째 임무이다. 아직도 세상에는 실직에 대한 불안이 아닌 다른 이유로 속임수를 쓰지 않을 수 있는 사람들이 존재한다는 사실을[4], 아니, 어떤 나라에서나 그런 사람들이 많을수록 그 나라가 더 오래 존속할 수 있다는 사실을, 우리는 그냥 믿을 뿐만 아니라 경험에 의해서도 확인할 수 있기 때문이다.

그래서 다음의 논문들은 주로 이 두 가지 점―부의 정의와, 정직의 회복과 유지―에 맞추어져 있다. 노동 조직의 문제는 때때로 필요할 때에만 다루었다. 우리가 경제계의 거물들에게서 충분한 양의 정직성을 얻을 수 있다면 노동을 조직화하기는 쉽고, 노동 조직은 어떤 다툼이나 애로사항 없이 순조롭게 발전할 것이기 때문이다.

---

4) "노동자에게 가해지는 효과적인 제재는 그가 속한 조직의 제재가 아니라 고객의 제재다. 즉 노동자의 속임수를 저지하고 태만을 바로잡는 것은 다름 아닌 실직에 대한 두려움이다." (애덤 스미스의 『국부론』 제1권 제10장)
제2판에 덧붙인 각주 : 이 책(『국부론』)에 한 가지 덧붙여두고 싶은 말이 있는데, 기독교 신자인 독자들께서는 내가 베네치아 최초의 교회(서기 421년에 세워진 산 자코모 디 리알토 교회)에서 발견한 베네치아 최초의 상업에 관련된 문구를 읽고, 거기에 수긍할 수 있었던 사람, 그런 문장을 쓸 수 있었던 사람, 그리고 거기에 반대한 사람의 영혼이 얼마나 저주받은 상태에 빠져 있었을지 마음속 깊이 생각해주기를 진심으로 요청하는 바이다.
"이 사원 주변에서 상인의 법규는 공정하고, 계량은 진실하며, 계약은 정직하기를."
이 책의 독자들 가운데 내가 이 각주에서 사용한 언어가 거칠거나 무례하다고 생각되거든, 졸저 『참깨와 백합』의 제18절을 주의 깊게 읽어보길 권한다. 그래서 내가 글을 쓸 때는 심사숙고한 뒤 그 경우에 가장 적합하다고 판단되지 않는 낱말은 결코 쓰지 않는다는 사실을 확인해주었으면 한다. ―1877년 3월 18일 일요일, 베네치아에서 하지만 경제계의 거물들에게서 정직성을 얻지 못하면, 노동의 조직화는 영원히 불가능하다.

나는 그 가능성의 몇 가지 조건을 속편[5]에서 자세히 검토하려고 한다. 하지만 앞으로 기본원리들을 연구해가는 동안 던져지는 암시를 보고 독자들이 예상치 못한 위험한 처지로 끌려들어가고 있는 듯한 불안감에 사로잡힐 가능성을 미리 방지하고 안심시키기 위해 나는 독자들이 도달하기를 바라는 정치적 신조들 가운데 가장 극단적인 것을 여기에 말해두고자 한다.

*첫째_*정부의 감독을 받는 청소년 직업훈련학교를 전국에 설립해야 한다.[6] 그리고 이 나라에 태어난 모든 아이들은 부모의 동의 아래(어떤 경우에는 체벌 차원에서 강요되는 경우도 있겠지만) 그 학교를 수료하도록 한다. 이런 학교에 다니는 아이들은 이 나라에서 가

---

5) 호라티우스의 시 「한줌의 티끌」에서 제목을 따온 책 『무네라 풀베리스』(Munera Pulveris: Six Essays on the Elements of Political Economy serialised Fraser's Magazine 1862—63, book 1872)를 말한다. —옮긴이 주.

6) 근시안적인 사람은 아마도 "직업훈련학교를 유지할 수 있는 기금은 어디서 충당할 것인가" 라고 물을 것이다. 유지비를 직접 제공하는 방법에 대해서는 추후 검토하겠지만, 둘러말할 수 있는 것은 그런 학교는 충분히 자체조달하고도 남을 것이라는 사실이다. 직업훈련학교는 범죄(이것이야말로 근대의 유럽 시장에서 고가의 사치품들 중 하나다.)를 줄이게 되는데, 그것만으로도 학교에 들어가는 유지비의 열 배 이상을 충당할 수 있을 것이다. 그리고 거기에 들어가는 노동력의 절감은 순익이 될 텐데, 그 규모는 현재로서는 헤아릴 수도 없을 정도로 막대할 것이다.

장 유능한 교사들에게 다음 세 가지를(나중에 고찰하게 될 비교적 사소한 지식과 더불어) 필수적으로 배우게 될 것이다.

(a) 보건법(保健法) 및 그 법이 요구하는 운동
(b) 온유함과 정의로움이 몸에 배도록 하는 습관
(c) 각자가 생계를 유지하기 위한 직업

*둘째_* 이런 직업훈련학교와 관련하여 각종 생필품의 생산과 판매, 그리고 모든 유용한 기술의 훈련을 위해 역시 정부가 전적으로 관리하는 공장과 공방을 설립해야 한다. 또 사기업에 어떤 간섭도 하지 않아야 하며, 사적 영업에 어떤 제제나 과세를 하지 않아야 한다. 하지만 양쪽이 자유롭게 최선을 다하도록 해주고, 가능하면 사기업이 공기업을 능가하도록 내버려두면서, 정부가 세운 공장과 공방에서는 우량하고 모범적인 노동을 통해 순정품만 판매해야 한다. 그래서 정부 고시가를 지불하면 그 돈으로 빵다운 빵, 맥주다운 맥주, 그리고 일다운 일을 얻었다고 확신할 수 있어야 한다.

*셋째_* 남자든 여자든, 소년이든 소녀든, 누구든지 실직하면 바로 가장 가까운 직업훈련학교에 들어가야 한다. 능력시험을 치른 뒤 적성과 능력에 맞는 일에 해마다 정해지는 임금률에 따라 취업해야

한다. 그리고 무지해서 일할 수 없는 사람은 가르쳐야 하고, 질병으로 일할 수 없는 사람은 치료해주어야 한다. 하지만 일하기 싫어 거부하는 사람은 가장 엄격한 강제력을 동원하여 생활에 필요한 노동 중에서 더욱 힘들고 비천한 일, 특히 광산이나 그밖에 위험한 곳 등에 취업시켜야 한다(물론 이런 위험은 세심한 규정과 훈련으로 최대한 감소되어야 한다). 이런 일에 지불되어야 할 임금은 그 사람을 강제로 취업시키는 데 든 비용을 뺀 나머지를 유보해두었다가, 그가 고용 규칙에 대해 좀 더 건전한 생각을 가질 때 즉시 그에게 돌려주면 된다.

존 러스킨의 『예술경제론』(The Political Economy of Art; 1857) 초판의 겉표지

*마지막으로_* 늙고 가난한 사람들은 위안과 함께 주택을 제공받아야 한다. 앞에서 말한 제도에 따라 일한 사람이 불행을 당한 경우, 그런 것을 제공받는 것은 수혜자에게 수치가 아니라 오히려 명예가 될 것이다. 그 이유는 다음과 같다.

"노동자가 쟁기를 가지고 나라에 봉사하는 것은 마치 중류층 인

발레리우스 푸블리콜라(Publius Valerius Publicola: ?−B.C. 503)는 루키우스 유니우스 브루투스와 함께 왕정을 타파하고 공화정을 수립한 뒤 집정관이 된 고대 로마의 정치가이다.

사가 검이나 펜이나 의료용 칼lancet을 가지고 나라에 봉사하는 것과 같다. 그 공로가 중류층에 비해 작아서 건강했을 때의 임금도 비교적 적다면 건강을 해쳤을 때의 보상도 더 적을 수 있다. 그렇다 하더라도 덜 명예로운 것은 아니다. 노동자가 자기 교구에 상당한 공로가 있기 때문에 그 교구에서 연금을 받는 것은 상류층 인사가 국가에 상당한 공로를 세웠기 때문에 국가에서 연금을 받는 것과 마찬가지로 지극히 자연스럽고 정당한 것이다."

나는 이 구절을 졸저 『예술경제론』에서 되풀이하고 있는데, 좀 더 상세한 내용을 알고 싶은 독자들은 그 책을 참고하길 바란다.

마지막 주장에 대한 결론으로서, 생전과 사후의 상벌과 응보에 대해 한 마디 덧붙인다면, 발레리우스 푸블리콜라Valerius Publicola 에 대한 리비우스의 마지막 언급－"그의 장례식은 국비로 치러졌 다."de publico est elatus[7]－은 지체가 높은 사람에게도 낮은 사람에 게도 묘비명의 마지막 구절로서 결코 불명예가 될 수 없다는 사실 이다.

나는 이런 것들을 믿고, 그것들의 다양한 면들을 혼신을 다해 설 명하고 예증하면서, 거기에 딸려 있는 사항들도 부수적 연구로서 철저히 검토할 생각이다. 다만 여기서는 나의 궁극적인 의도를 독 자들이 불안한 눈초리로 바라보지 않도록 내 의도를 간략히 소개 해보았다. 하지만 독자들에게 잊지 말고 기억해주기를 바라는 것은 다음과 같다.

---

7) "발레리우스 푸블리콜라가 전시에나 평시에나 탁월한 기량을 갖고 있다는 데에는 이견이 없 었으나 이듬해에 세상을 떠났다. 성품이 호방했지만 재산이 없어 장례비가 부족했기 때문에, 그의 장례식은 국비로 치러졌다. 부인들은 브루투스가 죽었을 때처럼 그의 죽음을 애도했 다." (리비우스의 『로마 건국사』 제2권 제16장)

인간성의 요소와 같은 지극히 미묘한 요소를 다루는 학문에서는 계획의 구체적인 성공을 보증할 수 없고, 다만 근본원리들의 궁극적인 진리만 보증할 수 있다는 것이다. 그리고 최종적인 가장 훌륭한 계획들 중에서도 무엇을 당장 성취할 수 있는지는 항상 의문이고, 궁극적으로 성취할 수 있는 것이 과연 무엇인가는 상상할 수 없다는 사실이다.

1862년 5월 10일

덴마크 힐에서[8]

---

8) Denmark Hill; 런던의 서더크 구(London Borough of Southwark)에 있는 지역과 거리 이름. ─옮긴이 주.

제1편

명예의 근원

다양한 시대에서 수많은 인류의 마음을 사로잡아온 온 갖 망상들 가운데 가장 기이한 것—분명히 가장 믿지 못할 망상—은 아마도 소위soi-disant '경제학'9)이라 불리는 것은 근대 학문일 것이다. 이 학문은 '인간과 인간 사이에 존재하는 상호 애정이라는 요소를 배제할 때 더욱 진보된 사회적 행동규범을 갖는다.'는 관념에 뿌리를 두고 있다.

물론 연금술이나 점성술 그리고 마술 같은 미신처럼, 경제학도

---

9) 경제학은 또 '음울한 학문'(dismal science)이라고도 불린다. —옮긴이 주.

나름대로 그럴듯한 관념 위에 뿌리를 두고 있다. 경제학자는 다음과 같이 말한다.

"사회적 애정은 우연적이고 변덕스런 인간성의 요소이지만, 진보에 대한 갈증과 욕구는 불변적인 요소다. 그러므로 인간성에서 가변적인 요소를 제거해 단순히 탐욕을 추구하는 기계로 간주한 뒤, 이 기계가 어떤 노동, 구매, 판매의 법칙을 따를 때 결과적으로 최대의 부를 축적할 수 있는지 한번 살펴보자. 경제 법칙들이 일단 정립되면, 각 개인도 이내 새롭게 설정된 법칙의 체계 안으로 자신이 택한 만큼 변덕스런 애정의 요소를 받아들이기 때문에, 그때 발생하는 결과도 스스로 조절할 수 있을 것이다."

애정이라는 인간성의 요소가 경제 법칙의 체계 안으로 들어온 후에도 처음에 검토된 경제법칙 속 위력과 똑같은 성질이라면, 이 주장은 완전히 논리적이고 성공적인 분석방법이 될 수 있다. 항시적인 힘과 가변적인 힘 양쪽으로부터 영향을 받을 수 있는 운동 물체가 있다고 치자. 이 물체의 운동 방향성을 조사해 보는 가장 단순한 실험 방법은 먼저 지속적인 힘의 조건 하에서, 다음에는 조건을 달리 하여 경로의 변화를 추적하는 것이다. 하지만 사회 문제에서 변덕스런 요소들은 추가된 그 순간부터 연구 대상인 생명체의 본질을 송두리째 바꿔 놓는다는 측면에서 항시적인 요소들과 근본적으로 성질이 다르다. 이 요소들은 수학적이기 보다는 화학적으로 작용하기 때문에, 우리의 기존 지식을 아무 소용없게 만든다. 수차례 실험을 거쳐 우리는 순수 질소nitrogen를 안전하게 다룰 수 있는 기체라고 확신하고 있다. 그러나 보라! 우리가 실제로 사용하기 위해 다뤄야 하는 것은 순수 질소의 염화물chloride이다. 이 물질을 기존의 원칙에 따라 순수 질소를 다루듯 하는 순간 그것은 폭발하여 우리의 몸이나 실험기구를 천장 밖으로 날려 버릴 것이다.

물론 경제학의 전제조건이 납득할만하다면 그것의 결론을 비판하거나 의심할 이유가 없다. 나는 단지 뼈 없는 인간을 가정한 체조학(體操學, a science of gymnastics)에 관심이 없듯이, 영혼 없는 인간을 가정한 경제학에 관심이 없을 뿐이다. 뼈 없는 인간을 가정한 체조학에 따른다면, 학생들은 돌돌 말려 환약처럼 되거나 케이크처럼 납작해지거나 케이블 선처럼 늘어질 것이다. 이런 결론들이 도출되고 난 후 그들의 몸에 다시 뼈대를 집어넣으면 그들의 신체에 일어날 온갖 불편이 따른다는 추론이 가능하다. 이 추론은 훌륭하고 결론이 그럴 듯하지만 실제적 적용이 불가능할 뿐이다. 현대 경제학도 이 체조학과 비슷한 바탕 위에 세워져 있다. 다만 뼈 없는 인간이 아니라 뼈만 있는 인간을 가정하여 영혼을 부정하는 확고한 진보의 이론적 골격을 세우고 있다는 점이 다르다. 그리고 뼈들로 만들 수 있는 모든 형태의 신체 골격 위에다가 두개골과 상박골로 온갖 흥미로운 기하학적 형태를 수없이 조립하고 뼈로 만들 수 있는 것들을 최대한 보여준 뒤, 이 미립자 물질로 이루어진 구조 안으로 영혼이 다시 나타나면 어떤 불편함이 생길지 훌륭하게 입증해주고 있다. 나는 이 이론의 진실성을 부인하지 않는다. 단지 이 이론이 현재 우리가 살고 있는 세상에 적용될 수 있다는 점을 부인할 뿐이다.

이러한 적용불가능성은 공교롭게도 최근의 노동자 파업으로 인한 사회 혼란기에 명백히 드러났다. 정치경제학이 최우선 과제로 다루어야만 하는 '고용주와 고용인의 관계'에 대한 문제가 이 단적인 사례들 중 하나로 적절하고도 확실하게 드러났다. 다수의 생계와 다량의 부가 심각한 위기에 처했을 때 경제학자들은 아무런 도움이 안 되었고, ―사실 그들은 꿀 먹은 벙어리들이었다. 그들은 대립 중인 양쪽을 설득하거나 진정시킬 수 있는 해결책을 내놓지도 못했다. 고용주 측은 완강하게 자신들의 견해를 고집하고 있고, 고용인 측도 완강하게 반대 견해를 고집하고 있는 상황에서 그 어떤 정치적 학문도 양쪽의 합의를 도출해내지 못했다.

합의를 도출해냈다면 오히려 더 이상했을 것이다. 그 어떤 종류의 '학문'도 사람들을 하나로 묶어놓을 수 없기 때문이다. 중재자라는 사람들은 한결같이 고용주들의 이해관계가 고용자들의 이해관계와 상충하는지 여부를 밝히는 데 헛수고를 하고 있다. 양쪽의 이해관계 때문에 반드시 그리고 언제나 상반 관계 혹은 적대 관계만 존재한다는 것은 아니라는 사실을 아무도 깨닫지 못하는 듯하다. 집안에 빵 한 조각밖에 없는데, 어머니와 자식들이 모두 허기져 있다면, 이들 사이의 이해관계는 같지 않다. 어머니가 빵을 먹고 있으면 자녀들은 달라고 보채겠지만, 자녀들이 빵을 먹고 있으면 어머니는 허기진 채 일터로 나서야 한다. 그런데 어머니와 자녀들 사이의 이해관계를 반드시 '적대적'이라고 해야 하는가, 그래서 그들이 빵 한 조각을 두고 싸워 결국 가장 힘이 센 어머니가 빵을 쟁취하여 먹는다는 말인가. 어떤 관계가 되었든지 다른 인간관계에서도 서로의 이해가 다르다고 해서 반드시 적개심을 품고 서로를 대하며, 이익을 얻기 위해 폭력이나 꼼수를 쓸 것이라고 단정 지을 수는 없다.

이것이 사실이라 해도, 그리고 인간이 쥐나 돼지에게 적용되는 것과는 다른 도덕적 동기에 따라 움직이는 것이 아니라고 간주하는 것이 편리하고 정당하다고 해도, 여전히 이 단정에 대한 논리적 전제조건은 모호한 상태로 남아 있다. 즉 고용주와 노동자의 상호 이해관계가 전적으로 일치하든지 아니면 전적으로 상반한다고 일반적으로 말하기 어렵다. 상황에 따라 그 어느 관계도 될 수 있기 때문이다. 일이 제대로 이루어지고, 그 일에 대한 정당한 대가를 받는 경우에는 언제나 고용주와 노동자 모두에게 이익이 된다. 하지만 이익을 분배하는 과정에서 한 쪽이 이익을 얻으면 상대 쪽이 손해를 보기도 하고, 그렇지 않기도 하다. 노동자가 병약해지고 사기가 저하될 만큼 낮은 임금을 지불하는 것이 꼭 주인의 이익을 의미하는 것은 아니며, 주인이 사업 확장에 지장을 주거나 사업을 안정적이고 자유롭게 유지하는 데 방해가 될 만큼 작은 이득을 취하면서까지 노동자에게 높은 임금을 지불하는 것이 노동자의 이익을 의미하는 것도 아니다. 회사가 엔진을 수리할 수 없을 정도로 자금난을 겪고 있다면, 화부는 높은 임금을 요구해서는 안 되는 법이다.

이런 상호 이해관계에 영향을 미치는 상황은 한없이 다양하기 때문에, '득실의 균형'에서 인간의 모든 행동 양식을 연역하려는 것은 헛수고일 뿐이다. 아니, 그것은 본래 헛수고로 돌아가도록 되어 있다. 조물주는 인간의 행동이 '득실의 균형'이 아닌 '정의의 균형'에 따르도록 의도했기 때문이다. 그래서 신은 태초부터 이해득실을 따지고 드는 인간의 모든 노력을 헛수고로 만들어 왔다. 인류의 전 역사를 통틀어 그 누구도 어떤 일련의 행동들이 자신과 타인에게 궁극적으로 어떤 결과를 초래할지 지금까지 알지 못했고, 또 알 수도 없다. 다만 어떤 행동이 옳고 그른지에 대해 분별하는 것은 허락되었기 때문에 누구나 알고 있다. 그리고 무엇이 최선인지 혹은 어떻게 그것을 실현할 수 있는지는 아무도 말할 수 없지만, 정의가 궁극적으로 자신에게나 타인에게나 최선의 결과를 가져올 것이라는 사실만은 우리 모두가 알고 있다.

나는 '정의의 균형'이라는 용어를 사용하면서, 이 '정의'라는 용어에는 한 사람이 타인을 향해 품는 '애정'도 포함되어 있음을 밝혀둔다. 고용주와 고용인이 바람직한 관계를 유지하면서 서로에게 최대 이익을 안겨 줄 수 있는 것은 궁극적으로 정의와 애정이다.

고용주와 고용인의 관계를 단순하면서 가장 적절하게 보여주는 예를 집안 하인의 처지에서 찾아볼 수 있다.

한 집안의 주인이 자기가 주고 있는 임금에 따른 노동 한도 내에서 하인들을 최대한 부려먹고 싶다고 가정해보자. 주인은 하인들이 한눈파는 틈도 주지 않으면서 견딜 수 있는 한도 내에서 빈약한 음식과 누추한 방을 주고 하인들이 떠나지 않을 정도의 무리한 요구를 하며 매사에 한계점까지 밀어붙인다. 이렇게 하더라도 주인의 입장에서는 통념적인 의미의 '정의'를 위반했다고 볼 수 없다. 하인의 시간과 봉사를 전적으로 소유하기로 계약했고, 그에 따라 자신의 권리를 행사하고 있을 뿐이다. 하인들에 대한 처우의 한계점은 이웃 동네의 다른 집주인들의 관례, 즉 가사노동에 대한 당시의 임금률에 따라 정한다. 더 나은 일자리가 생기면 하인은 자유롭게 그 자리로 옮길 수 있고, 주인은 하인이 제공할 수 있는 최대한의 노동을 요구해야 비로소 그 하인의 노동이 지닌 실질적 시장가치를 알 수 있다.

경제학의 대가들에 따르면, 앞에서 말한 것들이 그 문제에 대한 경제학적 견해이다. 그들은 이러한 과정을 통해 최대치의 평균 노동량을 하인으로부터 얻어낼 수 있고, 사회를 통해 하인들에게도 이익이 환원되므로 결국 하인들 자신도 최대한의 이익을 얻을 수 있다고 주장하고 있다.

하지만 그것은 그렇지 않다. 하인이 증기력이나 자기력이나 중력처럼 수치 계산이 가능한 힘을 동력으로 삼는 기관이라면 설득력이 있겠지만, 반대로 하인이란 존재는 영혼을 동력으로 삼는 기관이다. 영혼이라는 이 수량 계산이 불가능한 특이한 동력은 경제학자들이 모르는 사이에 그들의 방정식 안으로 스며들어 그들의 계산 결과를 모조리 어질러 놓는다. 이 기묘한 동력기관은 보수나 외압이나 다른 어떤 종류의 연료의 힘으로 최대의 노동량을 산출하도록 만들어지지 않았다. 이 기관은 동력이 소위 말해, 인간의 의지나 정신이 고유한 연료인 애정을 가졌을 때만 최대의 힘을 발휘하고, 최대한 많은 양의 일을 할 수 있는 것이다.

물론 집주인이 머리 회전이 빠르고 혈기왕성한 사람이라면, 하인에게 강한 의지와 현명한 방법으로 기계적인 압력을 가하여 많은 일을 시킬 수 있을 것이고, 또 실제로 그런 일은 심심치 않게 일어난다. 반면에 집주인이 심성은 착한데 게으르고 나약한 사람이라면, 하인이 오만방자해져서 소량의 일마저 형편없이 처리할 것이고, 또 실제로 그런 일도 자주 일어난다. 하지만 주인과 하인 모두에게 기본적인 분별력과 의욕이 있다고 가정했을 때, 서로 반목하여 적대시하는 관계보다 서로를 위하고 아껴주는 관계를 통해 최고의 결과를 얻을 가능성이 높은 것이 일반적인 법칙이다. 또한 주인이 하인을 최대한 많이 부려 먹으려 애쓰기 보다는 사전에 약속해서 꼭 하기로 한 일도 하인의 편의를 봐서 시키고 정당하고 건전한 방법을 통해 하인의 이익도 함께 챙겨줄 경우, 그런 애정을 받은 하인은 궁극적으로 최대한 많은 일을 함으로써 주인에게 최대한 많은 도움을 주어 은혜에 보답할 것이다.

그렇다. 나는 '은혜에 보답'이라고 말했는데, 하인이 주인을 위해 반드시 혹은 항상 최고의 일만 하는 것은 아니기 때문이다. 하지만 하인이 보답하는 마음으로 주인에게 주는 도움은 다양한데, 물질적인 봉사나 주인의 이익과 신용을 지키기 위해 지키고 경계하는 것, 또는 예기치 않은 상황에서 주인을 도울 수 있는 기회가 찾아왔을 때 기꺼이 잡는 것도 여기에 포함된다.

하인은 주인의 관대함을 자주 악용하고 친절에 감사할 줄 모르는데, 이것은 일반적으로 사실이다. 호의를 받고도 감사할 줄 모르는 하인은 난폭한 대우를 받으면 앙심을 품을 것이고, 관대한 주인에게 정직하지 못한 하인은 부당한 주인에게는 해를 입힐 것이기 때문이다.

어떤 경우에서든, 그리고 어떤 사람에게든, 이 같이 상대를 배려해주는 것은 가장 효과적인 보상을 낳는다. 나는 여기서 애정을 전적으로 하나의 동력으로 간주하고 있지만, 절대로 그 자체를 바람직하거나 고귀한 것 또는 추상적으로 좋은 것으로 여기지는 않는다. 그저 평범한 경제학자들의 계산을 무효화시켜버리는 하나의 기묘한 힘으로 볼 따름이다. 경제학자가 이 새로운 요소를 자신의 계산에 도입하고 싶어 하지만, 그에게는 그것을 다룰 능력이 없다. 애정이란 경제학의 다른 모든 동기와 조건을 무시했을 때 비로소 진정한 동력이 될 수 있기 때문이다. 하인의 고마움을 이용할 요량으로 하인을 친절히 대한다면, 당신은 분명히 하인에게 고맙다는 말을 듣지도 못하고 당신의 친절에 대한 보답도 돌려받지 못할 것이다. 하지만 그 어떤 경제적 목적도 없이 하인을 친절히 대한다면 모든 경제적 목적은 거기에 답할 것이다. 다른 모든 일들이 그러하듯이, 여기서도 "자기 목숨을 구하려는 자는 누구든지 그것을 잃을 것이요, 자기 목숨을 잃은 자는 그것을 구할 것이다."[10]

---

10) 두 가지 대우 방식과 그것들이 실제로 가져오는 결과의 차이는 찰스 디킨즈의 작품 『황폐한 집』(Bleak House)에 나오는 에스더(Esther)와 찰리(Charlie)의 관계, 『골동품가게』(Master Humphrey's Clock)에 나오는 브레스 양(Miss Brass)과 후작부인의 관계, 이 두 개를 비교해보면 아주 명확히 알 수 있을 것이다.

빅토리아 시대 영국의 남성중심주의 사회에서 살아가는 여성인 『황폐한 집』의 여주인공 에스더

찰스 디킨즈가 단지 진리를 약간 만화적 색채를 띠고 표현했다는 이유만으로 그의 작품이 지닌 본질적 가치와 진리가 어리석게도 많은 식자들로부터 잊히고 있다. 디킨즈의 만화는 때로 거칠지만 결코 잘못된 것이 아니기 때문에 그 본질적 가치와 진리를 알지 못한다면 어리석다고 말할 수밖에 없다. 그가 주인공들을 표현하는 방식을 감안한다면 그가 우리에게 전하는 말은 항상 옳다. 나는 그가 자신의 선명한 과장법을 그저 대중적인 오락을 위해서 쓴 작품들에만 한정했으면 좋겠다고 생각하며, 『고단한 시절』(Hard Times)의 소재처럼 국가적 중대사를 다룰 때는 좀 더 엄격하고 세밀한 분석법을 택하기 바란다. 이 작품의 유용성(나는 몇 가지 측면에서 볼 때 이것을 그의 가장 훌륭한 작품이라고 생각한다.)을 제대로 파악하지 못하는 사람들이 많다. 왜냐하면 바운더비 씨(Mr Bounderby)가 세속적인 고용주의 전형적인 예가 아니라 연극적인 괴물이기 때문이며, 스테픈 블랙풀(Stephen Blackpool)은 정직한 노동자의 전형적인 예가 아니라 완벽하게 연극적인 노동자이기 때문이다.

하지만 디킨즈가 연극적인 어법을 즐겨 택한다고 해서 그의 재치와 통찰력의 유용함을 놓쳐서는 안 된다. 그가 쓴 모든 작품들 중에서 그의 취지와 목적은 전적으로 옳았다. 그의 모든 작품들, 특히 『고단한 시절』은 사회문제에 관심을 가진 사람들이 세심하고 진지하게 연구해 보아야 할 작품이다. 그들은 디킨즈의 작품에서 편파적인 점, 그리고 편파적이기 때문에 부당한 것처럼 보이는 점을 다수 발견할 것이다. 하지만 디킨즈가 얼핏 지나친 것처럼 보이는 다른 쪽 논거를 모두 검토해보면, 비록 그의 견해가 거칠고 날카롭게 표현되어 있더라도 결국은 옳았다는 것이 밝혀질 것이다.

다음으로 주인과 하인과의 관계의 가장 단순명료한 예는 부대 상관과 그의 부하 사이에 존재하는 관계이다.

예를 들면 연대장이 자신은 전혀 고생도 안 하면서 부대를 가장 강력하게 만들기 위해 부하들에게 훈련규율만을 강요한다고 치자. 이런 이기적인 원칙으로는 그 어떤 규율을 적용하더라도 부하들의 능력을 십분 발휘시키지 못할 것이다. 그가 센스 있고 단호한 장교라면 앞에서 든 예와 마찬가지로 두서없이 친절을 베푸는 나약한 장교보다는 더 나은 결과를 낳을 수도 있다. 하지만 상관과 부하 양쪽이 모두 센스 있고 단호하다면, 부하들과 가장 직접적인 인간관계를 맺고 있고 부하들의 이익에 가장 신경 쓰며 부하들의 목숨을 가장 소중히 여기는 장교는 분명히 그에 대한 부하들의 애정과 그의 품성에 대한 부하들의 신뢰를 통해 다른 식으로는 도저히 이룰 수 없는 정도까지 부하들의 기량을 효과적으로 발휘시킬 수 있을 것이다. 이러한 법칙은 여전히 관계자들의 수가 많을수록 더욱 더 설득력 있게 적용된다. 부하들이 장교를 싫어해도 한 번의 공격에는 성공할 수 있을지 모르지만, 부하들이 장군을 사랑하지 않으면 전투에서 승리하기가 무척 힘들다.

이와 같은 단순한 사례에서 공장주와 노동자 사이에 존재하는 좀 더 복잡한 관계로 한번 옮겨보기로 하자. 우리는 먼저 어떤 희한한 난제에 부딪히게 되는데, 그것은 겉보기에 도덕적 요소들이 더욱 딱딱하고 차가운 상태이기 때문에 생겨난 결과로 여겨진다. 병사들 사이에 연대장에 대한 열렬한 애정이 존재하리라 여기기는 쉽지만, 방직공들 사이에 공장주에 대한 열렬한 애정이 존재하리라고 여기기란 쉽지 않다. 약탈을 목적으로 모인 집단(고대 하일랜드[11] 종족처럼)은 완벽한 애정으로 활기를 띨 것이고, 졸개들은 모두 두목의 목숨을 위해 자신들의 목숨을 내놓을 준비가 되어있다. 하지만 합법적인 생산과 축적을 목적으로 단결한 집단은 보통 그런 감정으로 움직이지 않으며, 그들 중 우두머리를 위해 어떤 식으로든 목숨을 기꺼이 내놓을 사람은 아무도 없다.

우리는 도덕적인 문제에서 얼핏 이례적인 것들과 마주칠 뿐만 아니라 제도의 운영에서 그것과 연관된 다른 것들과도 마주친다. 하인이나 군인은 정해진 기간에 정해진 임금률에 따라 고용된다. 하지만 노동자의 임금률은 노동의 수요에 따라 달라지며, 시장의 상황

---

11) Highland; 스코틀랜드의 북부 산악지대. 예부터 산적들이 창궐했으며, 1688년 명예혁명 당시에는 반혁명 세력의 통칭인 '재커바이트'(Jacobites)의 근거지이기도 했다. 그들은 추방된 스튜어트 왕조의 제임스 2세와 그 직계 남손이 정통 국왕이기 때문에 복위를 지지하며 정권을 동요시켰다. 재커바이트는 제임스(James)의 라틴어 이름인 야코부스(Jacobus)에서 유래되었다. —옮긴이 주.

에 따라 언제라도 쫓겨날 위험에 처해 있다. 이제 이런 상황에서는 애정을 바탕으로 한 어떤 행동도 일어날 수 없고, 오히려 적개심의 폭발적인 작용만이 일어날 수 있다. 따라서 이 문제에서는 두 가지 점을 고찰해볼 필요가 있다.

*첫째_* 임금률은 어느 정도까지 노동의 수요에 따라 변하지 않도록 규제할 수 있는가.

*둘째_* 노동자 단체는 (시장 상황과 관계없이) 그렇게 정해진 임금률로 그 수의 증감이 없이 어느 정도까지 고용될 수 있고, 또 고용 상태를 유지할 수 있는가. 그리하여 노동자들이 명문가의 하인들처럼 자신이 다니는 회사에 항상 관심을 가지거나 정예부대의 군인들처럼 단결심esprit de corps을 가질 수 있는가.

다시 말하지만, 첫 번째 문제는 노동 수요와는 별도로 어느 정도까지 임금률을 고정할 수 있는가 하는 것이다.

인간이 저지른 오류의 역사에서 가장 희한한 사실 중 하나는 아마도 경제학자들이 노동 수요와 관계없이 임금을 유지하는 것이 가능하다는 것을 부인해왔다는 사실일 것이다. 하지만 사실은 세상에서 중요한 모든 노동과 중요하지 않은 노동의 대부분은 임금이 이미 그렇게 규제되어 있다.

우리는 총리직을 경매Dutch auction로 팔아넘기지 않는다. 주교가 사망했을 때 아무리 성직매매가 일반적으로는 이익이 될지라도 가장 낮은 가격을 불러 주교직 계약을 맺은 성직자에게 주교관구(主教管區)를 넘기는 일은 (적어도 아직은) 하지 않는다. 사실 우리는 (경제학의 세련된 총기를 발휘하여) 장교직commission[12]을 팔지만 장군직generalship은 공공연하게 팔지 않는다. 아플 때 우리는 굳이 1기니guinea보다 싸게 받는 의사를 찾지 않는다. 소송을 할 때도 결코 6실링 8페니를 4실링 6페니로 깎으려고 하지 않는다. 소나기를 만났을 때 우리는 1마일에 6페니보다 싼 값으로 마차를 태워 줄 마부를 찾아다니지는 않는다.

이 모든 경우, 그리고 상상할 수 있는 모든 경우에 궁극적으로 참고하는 것은 그 일의 난이도와 그 직위를 얻으려는 후보자의 수이다. 진찰료를 반 기니밖에 받을 수 없더라도 수많은 학생들이 훌륭한 의사가 되는 데 필요한 노고를 기꺼이 감내한다면, 1기니에서 불

---

12) 이렇게 돈을 내고 된 장교를 '사관'(士官, commissional officer)이라고 부른다. ―옮긴이 주.

필요한 반 기니를 빼자는 사회적 합의가 금방 이루어질 것이다. 이런 궁극적인 의미에서 노동의 가치는 언제나 그 노동에 대한 수요에 의해 규제된다. 하지만 이 문제가 실제로 직접 적용될 경우, 가장 숙련된 노동자는 지금까지 그래왔고 또 지금도 그렇지만 ─ 모든 노동자들이 그래야 마땅하지만 ─ 항상 일정한 기준에 따라 보수를 받았다.

"뭐?" 독자들은 놀라서 대답할 것이다.
"숙련된 노동자와 서투른 노동자 모두에게 똑같은 보수를 준다고?"

그렇다. 어떤 주교의 설교와 그 후임자의 설교의 차이 ─ 또는 어떤 의사와 다른 의사와의 소견 차이 ─ 는 거기에 관련된 정신의 질이라는 측면에서 볼 때, 벽돌을 잘 쌓고 못 쌓는 차이(이 차이도 대부분의 사람들이 생각하는 것보다는 크지만)보다 훨씬 크고, 여러분에게 개인적으로 미치는 결과도 훨씬 중요하다. 하지만 당신은 영혼이나 육체에 관여하는 노동자에게는 솜씨가 좋든 나쁘든 똑같은 보수를 기꺼이 지불한다. 그렇다면 당신은 당신의 집에 관여하는 노동자에게도 솜씨가 좋든 나쁘든 똑같은 보수를 기꺼이 줄 수 있어야 하지 않은가.

"천만에. 나는 의사도 목사(?)도 내가 고른다. 이는 내가 그들이

하는 일의 질적 수준을 알고 있다는 것을 말해준다." 그렇다면 벽돌 공도 당신이 직접 골라야 하는 게 아닌가. '선택받는'다는 것은 실력 있는 노동자가 당연히 받아야 할 보상이다. 모든 노동에 관한 자연스럽고 정당한 제도는, 모든 노동은 정해진 임금률에 따른 보수를 받아야 하지만, 숙련된 노동자는 고용되고 서투른 노동자는 고용되지 않는다는 것이다. 잘못되고 부자연스럽고 파괴적인 노동 제도는 서투른 노동자가 자신의 노동력을 반값에 제공하는 것이 허용될 때 생겨난다. 그런 노동자는 숙련된 노동자의 일자리를 빼앗거나, 숙련된 노동자가 서투른 노동자와 경쟁하느라 부당한 임금을 받고 일하도록 강요하게 된다.

따라서 이 임금의 평등성은 우리가 그곳을 향해 가장 곧게 뻗어 있는 지름길을 찾아야만 하는 첫 번째 목표이며, 두 번째 목표는 위에서도 말했듯이 노동자의 생산품에 대한 수요가 돌발적이더라도 이와 관계없이 고용되어 있는 노동자의 수를 항상 일정하게 유지하는 것이다.

활동적인 국민의 상업 활동에서는 갑작스럽고 엄청나게 수요의 불균형이 불가피해지는데, 이것은 정당한 노동 조직에서 극복해야만 할 유일하고도 본질적인 어려움이라고 나는 믿는다. 그러나 이런 종류의 논문에서 이 문제를 검토하기엔 너무 여러 갈래로 나뉘어져 있어 곤란하지만, 그와 관련하여 다음과 같은 일반적인 사실들은 말할 수 있다.

노동자는 일거리가 확실히 보장되어 있고 계속 유지될 때보다 일이 중단될 우려가 있을 때 임금을 더 받아야만 생계를 꾸려나갈 수 있다. 그리고 일거리 경쟁이 아무리 치열해져도 평균적으로 일주일에 사흘밖에 일할 수 없을 때는 일주일에 엿새 동안 일할 수 있다고 확신할 때보다 일당을 더 받아야 한다는 일반적인 법칙은 항상 적용된다. 누군가가 하루에 1실링 밑으로는 살아갈 수 없다고 치자. 그러면 그는 일주일치 생활비인 7실링을 사흘 동안 죽도록 일해서 벌거나, 아니면 엿새 동안 느긋하게 일해서 벌어야만 한다. 모든 근대 상업 활동은 임금과 거래를 일종의 복권 형태로 만드는 경향이 있다. 그래서 노동자는 간간이 있는 힘든 일로 돈을 벌고, 당사자(고용주)는 기회를 교묘히 이용해서 이윤을 얻는다.

되풀이하지만, 근대 상업 활동의 결과 이것이 어느 정도까지 필요한지는 여기서 검토하지 않겠다. 다만 그런 경향이 가장 파멸적인 양상을 띨 때는 그것이 전혀 불필요하다는 사실을 말하는 것으로 만족하겠다. 그리고 그 결과는 단지 고용주 쪽에서는 도박을 좋아하기 때문에, 고용인 쪽에서는 무지하고 방탕하기 때문에 일어날 뿐이다. 고용주는 돈 벌 기회를 놓치는 것을 참을 수 없어, '행운'이라는 담장의 모든 틈새와 구멍으로 기를 쓰고 돌진한다. 벼락부자가 될 욕심에 급한 나머지 모든 파멸의 위험도 개의치 않는다. 또한 고용인은 엿새 동안 느긋하게 일하고 현명하게 쉬기보다는 오히려 사흘 동안 미친 듯이 일하고 사흘 동안은 술독에 빠지는 것을 좋아한다. 따라서 노동자들을 진정으로 도와주고 싶은 고용주는 자신과 고용인의 이런 무절제한 습관을 억제하는 것보다 더 효과적인 방법은 없다. 즉 사업을 안전하게 경영할 수 있는 규모로 유지하고, 불안정한 이익을 얻고 싶은 유혹에 넘어가지 말고, 동시에 높은 임금을 받으면서 일자리에서 쫓겨나는 것을 감수하는 것보다는 고정급의 형태로 낮은 임금을 받도록 노동자들을 설득해야 한다. 그것이 불가능하면 미친 듯이 힘든 작업을 하면 명목상 많은 일당을 주는 제도를 억제하고, 임금은 조금 적더라도 보다 규칙적인 노동을 하도록 노동자들을 이끌어 일과 생활에서 규칙적인 습관을 갖도록 해야 한다.

이런 종류의 근본적인 변화를 일으킬 때, 이 운동의 창시자들은 의문의 여지없이 모두 크나큰 불편과 손실을 입을 것이다. 아무런 손실도 보지 않고 아주 편리하게 이룰 수 있는 변화는 반드시 가장 필요한 변화가 아니며, 우리가 해야 하는 가장 시급한 일도 아니다.

폭력을 목적으로 뭉친 무리와 제조를 목적으로 단결한 조직 사이에 지금까지 존재하는 차이는 이미 언급해보았다. 전자는 자기희생이 가능해 보이지만, 후자는 그렇지 않다. 이렇듯 이상한 사실이 바로 상업이라는 직업이 군인이라는 직업에 비해 일반적으로 낮은 평가를 받는 진짜 이유다. 철학적으로는 물건을 사고파는 것이 직업인 온화하고 합리적인 사람이 살인으로 먹고사는 불온하고 때로는 불합리한 사람보다 덜 존경받는 것은 언뜻 보기에 합리적이지 않은 것 같다. (실제로 많은 작가들이 이것의 부조리를 입증하려고 애썼다.) 그럼에도 불구하고 인류는 철학자들이 뭐라고 말하든 간에 항상 군인의 우월성을 인정해왔다.

그리고 이것은 맞는 말이다.

군인의 직무는 사실상 그리고 본질적으로 남을 죽이는 것이 아니라 자기가 죽는 것이기 때문이다. 그래서 세상 사람들은 그 자체의 의미를 잘 모른 채 군인을 존경한다. 자객이 하는 일은 살인이지만, 세상 사람들이 상인보다 자객을 더 존경한 적은 없었다. 군인을 존경하는 까닭은 국가를 위해 목숨을 바치기 때문이다. 군인은 무모할지도 모른다. 향락이나 모험을 좋아할지도 모른다. 온갖 부차적인 동기와 짓궂은 충동 때문에 군인이라는 직업을 선택했을지도 모른다. 그것들이 직업상의 일상적인 행동에 (그냥 겉보기에) 영향을 미칠지도 모른다. 하지만 군인에 대한 우리의 평가는 이러한 궁극적인 사실―우리가 확신하는 사실―에, 즉 군인을 요새의 파괴된 곳에 놓아두면, 그들 뒤에는 세상의 모든 쾌락이 있고 앞에는 죽음과 의무만 있지만, 그는 앞만 바라볼 거라는 사실에 토대를 두고 있다. 그는 어느 순간에라도 선택이 주어지리라는 것을 알고 있다. 그래서 어느 쪽을 택할지를 미리 정해놓았다―사실 그는 계속 그런 역할을 맡아왔다. 실제로 그는 날마다 죽고 있는 것이다.

우리가 법률가나 의사를 존경하는 것은 궁극적으로는 그들의 자기희생에 바탕을 두고 있다. 위대한 법률가의 학식이나 예리함이 어떻든 간에 우리가 그를 존경하는 큰 이유는 재판관이라는 자리에 앉혀놓으면 무슨 일이 있어도 공정한 재판을 위해 노력할 거라고 믿기 때문이다. 그가 뇌물을 받고 불공정한 판결에 그럴듯한 이유를 붙이기 위해 자신의 예리함과 법률 지식을 이용할 거라고 상상이 간다면, 그가 지적 수준이 아무리 높더라도 존경을 받을 수 없을 것이다. 그가 일생에서 중요한 행동을 할 때마다 언제나 정의가 우선이고 자신의 이익은 둘째라고 우리가 암묵적으로 확신하지 않는다면, 그는 우리의 존경을 전혀 얻을 수 없을 것이다.

의사의 경우, 우리가 그를 존경하는 근거는 더욱 명백하다. 그가 환자를 단순히 실험 대상으로 삼는다는 것을 알면, 그의 학식이 어떨지 몰라도 우리는 몸을 움츠릴 것이다. 더구나 그가 환자의 죽음과 이해관계를 가진 사람들로부터 뇌물을 받고, 최고의 의술을 이용하여 의약품으로 가장한 독약을 투여하고 있다는 것을 알게 된다면, 더욱 소름이 끼칠 것이다.

끝으로, 이 원칙은 성직자와 관련될 때 가장 명백히 나타난다. 아무리 훌륭한 성품을 지녔을지라도, 그것은 의사에게 의술이 없는 것에 대한 변명이 될 수 없고, 법률가에게 예리한 두뇌가 없는 것의 변명이 될 수도 없다. 하지만 성직자는 지적 능력이 떨어질지라도 이타적이고 헌신적이라는 이유만으로도 존경을 받는다.

큰 회사를 성공적으로 운영하는 데 필요한 요령과 선견지명, 결단력, 그 밖의 정신적 능력은 위대한 법률가나 장군이나 성직자의 그것과 비교할 수 없다는 것은 의문의 여지가 있을 수 없다. 하지만 적어도 군함이나 연대의 하급 장교나 시골 교구의 부목사에게 필요한 일반적인 정신 능력과는 비슷할 것이다. 따라서 소위 자유직업에 종사하고 있는 유능한 사람들이 대중적인 평가에서 상사(商社)의 책임자보다 조금이라도 높게 평가되는 이유는 분명 그들의 몇 가지 정신적 능력보다 더 깊은 곳에 있을 것이다.

그리고 이와 같은 평가의 높낮이를 따지는 본질적인 이유는 상인이 평소에 이기적으로 행동할 거라고 추정되기 때문일 것이다. 상인의 일은 사회에 아주 필요할 수 있을지 몰라도, 그 동기는 모두 개인을 위한 것으로 간주된다. 모든 거래에서 상인이 우선적 목적으로 삼는 것은 자기가 가장 많이 갖고, 이웃(또는 고객)에게는 되도록 조금만 남겨주는 것이다(대중들은 그렇게 믿고 있다). 성문법은 상인에게 필요한 행동 원칙으로 강요한다. 사람들은 어떤 경우에도 그것을 준수하라고 상인에게 권하고, 자신도 상호적으로 그 원칙을 채택한다. 그리하여 물건 값을 깎는 것은 고객의 직분이고 고객을 속이는 것은 상인의 직분이며, 그것이 보편적인 법칙이라고 부르짖는다. 그럼에도 불구하고 대중은 상인이 그 선언에 따라 행동하는 것을 무의식적으로 비난하고, 상인은 인격적으로 열등한 수준에 속한다며 영원히 낙인을 찍고 있다.

결국 사람들도 이런 일은 그만두어야 한다는 것을 알 것이다. 이기심을 비난하는 것을 멈추면 안 되지만, 이기적이지 않은 종류의 상업만을 찾아야 할 것이다. 오히려 사람들은 지금까지 다른 종류의 상업은 존재하지 않았고 앞으로도 존재할 수 없다는 것, 그들이 상업이라고 불러온 것은 전혀 상업이 아니라 사기였다는 것, 그리고 진정한 상인과 근대 경제학의 법칙에 따르고 있는 상인은 『산

'상업의 신'이자 신들의 전령인 헤르메스와 키오네(Chione)의 아들인 아우톨뤼코스(Autolycus). 오디세우스의 할아버지가 되는 도적인 그는 훔친 물건의 모양을 바꾸거나, 장물 또는 자기 모습을 보이지 않게 하는 능력이 있었다.

책』[13]의 주인공과 아우톨뤼코스 만큼이나 다르다는 사실을 알아야만 할 것이다. 또한 신사들은 남에게 설교하는 직업이나 남을 죽이는 직업보다 오히려 상업에 종사해야 할 필요성을 날마다 더욱 절실히 느낄 거라는 것, 진정한 상업에서는 진정한 설교나 진정한 전투와 마찬가지로 때로는 자진해서 손해를 본다는 생각을 받아들일 필요가 있다는 것, 의무감으로 목숨을 버리듯이 6페니의 손해도 감수해야 한다는 것을 사람들은 깨달을 것이다. 설교단뿐만이 아니라 시장에도 순교가 존재할 수 있고, 전쟁뿐만이 아니라 장사에도 영웅적인 행위가 존재할 수 있는 것이다.

그것은 충분히 존재할 수 있고 결국에는 존재해야 하지만 아직까지 없었을 뿐이다. 그것은 영웅적 기질을 지닌 사람들이 젊은 시절에 항상 다른 분야로 잘못 인도되었기 때문이다. 아마도 우리 시대에 모든 분야에서 무엇이 가장 중요한지를 알지 못하고, 그래서 복음의 형식을 가르치려고 애쓰다가 목숨을 잃는 열성적인 사람은 많은 반면에, 복음의 실천을 보여주기 위해 백 파운드를 손해 볼 사람은 거의 없을 것이다.

---

13) 『산책』(Excursion)은 윌리엄 워즈워스의 장편시이며, 주인공은 착한 상인이다. —옮긴이 주.

사실 사람들은 지금까지 남에게 상인의 진정한 기능(직분)을 분명히 설명해준 적이 결코 없었다. 그래서 나는 이에 대해 독자들에게 아주 분명히 알려주고자 한다.

지금까지 세상에는 일상생활에 필요한 5가지 중요한 지적인 직업이 존재해왔다. 그리고 그 중 3가지는 모든 문명한 국가에 반드시 존재한다.

군인의 직업은 국가를 '수호하는' 것이다.
목사의 직업은 국민을 '가르치는' 것이다.
의사의 직업은 국민의 '건강을 지키는' 것이다.
법률가의 직업은 국민에게 '정의를 집행하는' 것이다.
상인의 직업은 국민에게 '물자를 공급하는' 것이다.

그리고 이들의 의무는 필요한 경우 국가를 위해 목숨을 던지는 것이다. '필요한 경우'란 다음과 같다.

군인은 전장에서 정위치를 떠나기보다는,
의사는 전염병이 창궐할 때 자신의 임무를 방기하기보다는,
목사는 거짓을 가르치기보다는,

법률가는 부정을 눈감아주기보다는,

상인은…… 상인이 '죽어야 할 경우'는 무엇일까.

우리 모두와 마찬가지로 상인에게도 그것은 중요한 문제다. 진정으로 죽어야 할 때를 모르는 사람은 어떻게 살아야 하는지도 모르기 때문이다.

상인의 직분(또는 제조업자의 직분. 여기서 사용하고 있는 넓은 의미의 상인은 제조업자라는 뜻도 포함한다고 이해해야 하기 때문이다)은 국민에게 물자를 공급하는 것이다. 봉급을 받는 것이 성직자의 직분이 아닌 것처럼 물자 공급으로 이익을 얻는 것은 상인의 직분이 아니다. 이 성직자 봉급은 당연하고도 필요한 부속물이지만, 진정한 성직자라면 그것을 인생의 목표로 삼지는 않는다. 진정한 의사가 진료비(혹은 사례비)를 인생의 목표로 삼지 않는 것과 마찬가지다. 그와 마찬가지로 진정한 상인도 돈을 인생의 목표로 삼지는 않는다. 이 셋 모두가 진정한 사람이라면 보수와는 관계없이 ─ 어떤 대가를 받더라도, 또는 오히려 손해를 보더라도 ─ 해야 할 일이 있다. 목사는 사람을 교화시키고, 의사는 병을 고치며, 상인은 이미 말했듯이 물자를 공급하는 것이 직분이다. 즉 상인은 자기가 파는 물건의 품질과 그것을 획득하거나 생산하는 수단을 철저히 이해하고,

물건을 완벽한 상태로 생산하거나 획득하여 가장 필요로 하는 곳에 가장 싼 가격으로 분배할 수 있도록 모든 지혜와 정력을 기울여야만 한다.

어떤 상품의 생산과 획득 과정에는 많은 사람들의 활동이 필요하다. 그렇기 때문에 상인은 사업을 경영하는 과정에서 장교나 목사만큼은 명백하지 않지만, 그보다 더 직접적으로 많은 사람들의 주인이 되고 통솔자가 된다. 따라서 그들이 어떤 생활을 이끌어 가는가에 대한 책임은 대부분 상인에게 있다. 그래서 자기가 파는 물건을 어떻게 하면 가장 완전하고 값싸게 생산할 수 있는가 하는 문제뿐만 아니라, 그 물건의 생산이나 수송과 관련된 다양한 업무를 어떻게 하면 고용인들에게 가장 이롭게 할 수 있겠는가 하는 것도 항상 염두에 두는 것이 상인의 의무이다.

이 두 가지 기능을 올바로 수행하기 위해서 상인은 인내와 친절과 재능뿐만 아니라 최고의 지성도 요구되기 때문에 자신의 모든 정력을 쏟아 부어야 하지만, 그 직분을 올바로 수행하는 과정에서 군인이나 의사처럼 목숨을 포기해야 할 필요가 있을 때는 요구하는 바에 따라 그렇게 해야 한다. 상인에게는 물자를 공급하는 기능에서 지켜야 할 두 가지 주안점이 있다. 첫째는 계약이다(계약을 충실히 이행하는 것은 모든 상거래를 가능케 하는 진정한 근본이다.). 둘째, 공급하는 물자는 완전하고 순정품이라야 한다. 따라서 상인은 어떤 경우든 계약을 어기거나, 자기가 공급하는 물건의 품질을 떨어뜨리거나 다른 것을 섞거나 부당하고 턱없는 가격을 매겨서는 안된다. 차라리 이 두 가지 요점을 지킬 경우 그에게 생길지도 모르는 어떤 곤경이나 가난이나 애로사항에는 의연히 맞서야 한다.

다시 말하지만, 상인이나 제조업자는 사무실에서 고용인들의 통솔자 역할을 하기 때문에 분명히 아버지로서의 권위와 책임이 부여된다. 대부분의 경우, 상점이나 공장에 들어오는 젊은이는 가정의 영향에서 완전히 벗어나 있다. 따라서 고용주가 아버지 역할을 맡아주어야 한다. 그러지 않으면 그 젊은이에게는 가까이에서 실질적이고 지속적인 도움을 줄 아버지가 없다. 어떤 경우에도 고용주의 권위는 직장의 전반적인 분위기나 환경, 그리고 젊은이가 일하는 과정에서 어울리는 사람들의 품성과 함께 가정의 영향보다 더 직접적이고 강압적인 무게를 갖고 있으며, 그것은 좋든 나쁘든 가정의 영향을 항상 무력하게 만들 것이다. 따라서 고용주가 고용인들을 정당하게 다룰 수 있는 유일한 방법은 자식이 부득이한 사정으로 고용인이 되었을 경우 그 아들을 어떻게 다룰 것인지 생각해보고, 지금 고용인들을 그렇게 다루고 있는지 스스로에게 엄숙히 물어보는 것이다.

어떤 군축함의 함장이 그게 옳다고 보아서인지 또는 부득이한 사정 때문인지 자식을 일반 수병으로 앉혀놓았다고 치자. 그러면 함장은 부하 수병들을 항상 자식 대하듯이 해야 한다. 마찬가지로 어떤 공장주가 그게 옳다고 생각해서인지 또는 부득이한 사정 때문인지 자식을 일반 노동자의 자리에 앉혔다고 치자. 그러면 공장주는 노동자들에게도 항상 자식 대하듯이 해야 한다. 이것이야말로 경제학의 이런 논점에 줄 수 있는 유일하게 효과적이며 진정성 있고 실질적인 철칙이다. 그리고 난파당했을 때 선장은 배를 떠나는 마지막 사람이 되어야 하고, 식량이 떨어졌을 때는 마지막 빵 한 조각이라도 선원들과 나눠 먹어야 한다. 마찬가지로 공장주는 어떤 상업상의 위기나 곤경에 처하면 노동자들과 함께 어려움을 겪고, 노동자들이 느끼는 것보다 더 심한 고통을 스스로 감내해야 한다. 그것은 기근이나 난파나 전쟁이 일어났을 때 아버지가 아들을 위해 스스로를 희생하는 것과 마찬가지다.

이상에서 내가 말한 것들은 정말이지 모두 낯설게 들릴지도 모른다. 하지만 이 문제에서 정말로 이상한 것은 이 이야기들이 이상하게 들려야하는데 그렇게 들리지 않는 것뿐이다. 그것은 이 모든 것들이 부분적이거나 이론적인 진실이 아니라 영속적이고 실제적인 진실이기 때문이다. 이 정치 문제와 관련해서 이 외의 다른 생각들은 그 어떤 국민 생활의 진보와 일관되게 연관시켜보았을 때 모두 전제부터 잘못되었고, 추론은 불합리하며, 실행할 수가 없다. 강인한 정신과 성실한 마음을 지닌 몇몇 사람들은 우리가 하나의 국민으로서 누리는 모든 삶속에 투영된 경제 원칙들을 단호히 부정하고 경멸한다. 만일 지금까지 배워온 그 경제 원칙을 그대로 받아들인다면, 우리는 곧바로 국가적 파멸의 길로 들어설 것이다. 그러한 원칙이 이끄는 파멸의 방식과 형태들에 관해, 그리고 다른 한편으로 진정한 제도의 실제적 작용에 관해 나는 허락이 되는 한 다음 논문에서 좀 더 검토하려고 한다.

제 2 편

부의 광맥

전편에 들어 있는 주장들에 대한 어떤 평범한 경제학자들의 반박을 몇 마디로 요약하면 다음과 같다.

"사회적 애정이 발달하면 보편적 성질을 띤 어떤 이익을 얻을 수 있는 것은 사실이다. 하지만 경제학자는 보편적 성질의 이익을 고려한다고 공언한 적도 없고, 공언하고 있지도 않다. 우리의 경제학은 단지 부자가 되는 학문에 지나지 않는다. 그것은 결코 허위적이거나 몽상적인 학문이 아니며, 실제적으로 유효하다는 것이 경험에 의해서 밝혀졌다. 그것의 가르침에 따르는 자는 실제로 부자가 되었고, 불복하는 자는 가난해졌다. 유럽의 모든 자본가들은 지금까지 알려져 있는 우리 경제학의 법칙들에 따른 덕분에 재산을 얻었고, 지금도 그 법칙들을 고수함으로써 나날이 자본을 증대시키고 있다. 기정사실의 힘에 맞서 아무리 궤변을 늘어놓아 봐야 헛수고이다. 사업가들은 누구나 경험을 통해서 돈을 버는 법과 잃는 법을 알고 있다."

미안하지만, 사업가들은 어떻게 해서 자신들이 돈을 벌었는지, 때로는 어떻게 해서 돈을 잃었는지를 잘 알고 있다. 그들은 오랫동안 도박에 익숙해져 있기 때문에 그 카드 놀음의 승산에 익숙해 있을 뿐만 아니라 그 득실의 원인까지도 정확히 설명할 수 있다. 하지만 그 도박장의 물주가 누구인지, 같은 카드를 가지고 다른 어떤 놀음을 할 수 있는지, 멀리 떨어진 어두운 거리에서 이루어지는 또 다른 손익은 비록 눈에는 보이지 않지만 불 켜진 방에서 행해지는 그들의 손익에 본질적으로 좌우된다는 것을 사업가들은 전혀 모르고 있다. 그들은 상업적 경제학mercantile economy의 법칙들에 대해서는 조금, 그것도 아주 조금 배웠을 뿐, 진정한 정치적 경제학 political economy의 법칙은 하나도 배우지 않았다.

우선 너무나 놀랍고 기이한 일이지만, 내가 알기로 사업가들은 '부유'하다는 말의 의미를 거의 모르는 듯하다. 설령 알고 있다 하더라도, 적어도 그들은 '북쪽'이라는 말이 반드시 '남쪽'이라는 반대말

을, '부유'라는 말도 반드시 그 반대말인 '빈곤'을 연상시키는 상대어
라는 사실을 인정하지 않고 있다. 사람들은 '부'가 절대적인 것이기
때문에 경제학의 일정한 가르침만 따르면 모두 부자가 될 수 있는
것처럼 말하고, 그렇게 쓰기도 한다. 하지만 부는 전기와 비슷한 힘
이라서 그 자체의 불균형이나 자기부정을 통해서만 작용한다. 당신
의 주머니에 들어 있는 1기니 금화(현 1.05파운드에 해당)의 힘은 당
신 이웃의 주머니에 1기니가 없다는 사실에 전적으로 의존하고 있
다. 이웃이 그 돈을 원치 않는다면, 당신 주머니 속 1기니는 당신에
게 아무런 쓸모도 없을 것이다. 1기니가 지닌 위력의 정도는 정확히
그 돈에 대한 이웃의 필요나 욕구에 좌우된다. 그래서 평범한 상업
적 경제학자가 말하는 부자 되는 기술은 동시에 필연적으로 당신의
이웃을 가난하게 유지시키는 기술이라고 볼 수 있다.

나는 이 문제에서(다른 문제에서는 거의 그렇지 않지만) 용어 채택
에 대해 논쟁하고 싶지 않다. 하지만 앞에 '정치적'이라는 형용사와
'상업적'이라는 형용사가 붙는 두 개의 경제학 사이에 존재하는 차
이를 독자들이 분명하고 심도 있게 이해해주기를 바란다.

정치적 경제학(국가의 경제학 또는 시민의 경제학)은 단순히 유용
하거나 쾌락을 줄 수 있는 사물을 가장 적절한 때와 장소에서 생

산·보존·분배한다. 적당한 시기에 건초를 거둬들이는 농부, 단단한 목재에 못을 박는 목수, 잘 이긴 반죽에 양질의 벽돌을 쌓아올리는 건축공, 안방의 가구를 잘 닦고 부엌에서 하나라도 허비되지 않도록 알뜰한 주부, 성대를 무리하게 쓰지 않고 적절하게 단련하는 성악가— 이들이야말로 궁극적인 의미에서 진정한 정치적 경제학자들이며, 자신이 속한 국가의 부와 행복에 끊임없이 이바지하는 사람들이다.

그러나 상업적 경제학, 즉 '메르케스'[14] 또는 '보수(報酬)'의 경제학은 타인의 노동에 대한 법적 또는 도덕적 청구권이나 지배력을 개인의 수중에 축적하는 것을 뜻한다. 그런 청구권은 정확히 한쪽에서는 가난과 채무를 의미하지만, 다른 한쪽에서는 부와 채권을 의미한다.

그러므로 이런 청구권이 늘어난다고 해서 반드시 국가의 실제 재산이나 복지가 늘어나는 것은 아니다. 하지만 이 상업적 부 또는 노동에 대한 지배력은 거의 항상 물적 재산으로 곧바로 전환될 수 있지만, 물적 재산은 항상 노동에 대한 지배력으로 당장 전환될 수

---

14) merces; mercantile(상업의, 영리적인)과 merchandise(물품, 상품)의 라틴어 어원. —옮긴이 주.

없다. 따라서 문명국가에서 활동적인 사람들이 지니고 있는 부의 개념은 대개 상업적 부를 가리킨다. 그들은 자기 재산을 평가할 때도 화폐로 살 수 있는 말과 경작지의 수량으로 화폐의 가치를 계산하기보다는 오히려 말과 경작지를 팔아서 얻을 수 있는 화폐의 수량으로 말과 경작지의 가치를 계산한다.

하지만 이런 사고방식이 생겨나는 데에는 또 다른 이유가 있다. 물적 재산을 축적해도 그 소유자가 노동에 대한 상업적 지배력을 함께 갖지 않는 이상은 거의 무용지물이다. 어떤 사람이 넓고 비옥한 토지를 가지고 있다고 치자. 토지의 자갈밭 밑에는 풍부한 금광이 있고, 초원에는 수많은 가축들이 있고, 집과 정원이 있고, 유용한 물건이 가득 찬 창고도 있지만, 하인을 구할 수 없다면 과연 어떻게 될까? 그가 하인을 구할 수 있으려면 가난한 이웃이 그의 황금이나 곡식을 필요로 해야 한다. 그런데 황금이나 곡식을 필요로 하는 사람이 아무도 없고, 따라서 하인들을 구할 수 없다고 가정해보자. 그러면 그는 손수 빵을 굽고, 손수 옷을 짓고, 손수 땅을 갈고 가축을 길러야 한다. 이때 그의 황금은 효용성이라는 관점에서 볼 때 땅에 있는 노란 자갈과 마찬가지일 것이다. 창고에 저장되어 있는 물품도 혼자서 다 쓸 수 없어 결국 썩어버릴 것이다. 그가 다른 사람보다 더 먹을 수 있는 것도 아니고, 더 입을 수 있는 것도 아니기 때문이다. 그는 보통 정도의 안락이라도 얻으려면 힘든 일과 허드렛일을 해야 한다. 결국 그는 집을 고치지도 못하고 밭을 일구지도 못한 채, 사나운 가축에 짓밟히고 궁전의 폐허 속에 파묻힌 황무지의 한복판에 오두막을 짓고 손바닥만 한 텃밭으로 족해야만 할 것이다. 그는 이런 재산을 '내 소유물'이라고 부르면서 괴로운 심정으로 자조(自嘲)할 것이다.

아무리 탐욕스러운 인간도 이런 조건으로 이런 종류의 재산을 받으면 별로 탐탁지 않을 것이다. '부'라는 명목 하에 사람들이 실제로 욕심내는 것은 본질적으로 타인에 대한 지배력이다. 그것은 가장 단순한 의미에서는 하인이나 상인이나 예술가의 노동력을 스스로를 위해 이용하는 힘이고, 좀 더 넓은 의미에서는 국민 대중을 직접 다양한 목적(그건 부자가 마음먹은 데에 따라 유익할 수도 있고 하찮을 수도 있고 해로울 수도 있다.)으로 이끌어가는 권위이다. 그리고 이 부의 힘은 당연히 우리가 지배력을 행사하고자 하는 사람들의 가난에 정비례하고, 또한 우리만큼 부자이고 공급이 제한되어 있는 물품을 우리와 동등한 대가를 기꺼이 지불할 수 있는 사람들의 수에 반비례한다.

어떤 가난한 가수가 있는데, 그에게 돈을 낼 수 있는 사람이 한 명이라도 있다면 그는 돈을 적게 받고서라도 노래를 부를 것이다. 하지만 돈을 낼 수 있는 사람이 두세 명 있는 경우에는 돈을 가장 많이 주는 사람을 위해 노래를 부를 것이다. 따라서 후원자의 부(이제 곧 살펴보겠지만, 이 힘은 가장 권위 있을 때조차도 항상 불완전하고 불확실하다.)는 첫째 예술가의 가난에 달려 있고, 둘째로는 그와 비슷하게 부유하고 그와 똑같이 음악회에 가고 싶어 하는 사람들의 수에 달려 있다. 그러므로 앞에서도 말했듯이, 일반적인 의미에서 '부자'가 되는 기술은 절대적으로나 궁극적으로나 자신을 위해 많은 재산을 축적하는 기술일 뿐만 아니라, 이웃이 자기보다 적게 소유하도록 꾀하는 기술이기도 하다. 정확히 표현하면 그것은 "자신에게만 유리하도록 최대한의 불평등을 확립하는 기술"이다.

그런데 이런 불평등이 확립되면 그것이 국민 전체에 유리한지 불리한지를 추상적으로는 알 수 없다. 경제학의 주제에 널리 퍼져 있는 오류의 대부분은 이런 불평등이 필연적으로 유리할 수밖에 없다는 경솔하고도 불합리한 추측에 근거를 두고 있다. 그것은 불평등의 이해가 첫째로는 이 불평등이 달성된 방법에 달려 있고, 둘째로는 불평등이 쓰이는 목적에 달려 있다는 것이 이 문제에서 영원하고도 필연적인 법칙이기 때문이다. 부의 불평등이 부당하게 확립되었을 때는 그 성립 과정에서 분명히 국민에게 해를 끼쳤을 것이며, 부당한 목적에 쓰였을 때는 그 불평등이 존재하는 동안 국민에게 더 많은 해를 끼치게 된다. 하지만 부의 불평등이 정당하게 확립될 때는 그 과정에서 국민을 이롭게 하며, 고귀한 목적에 쓰이면 그 존재 자체가 국민에게 더 많은 이익을 가져다준다. 다시 말해서 활발한 국민과 좋은 정부를 가진 나라에서는 각 개인이 다양한 능력을 충분히 발휘함으로써 그 역량을 검증받고, 그 능력을 특별히 필요로 하는 곳에 사용함으로써 그 등급과 공로에 따라 보상이나 권위를 받기 때문에, 결과적으로는 불평등하지만 조화로운 결과를 낳는다.[15] 반면에 활발하지 못한 국민과 좋지 못한 정부를 가진 나라

---

15) 나는 이 논문의 제1편에 나온 "서투른 노동자는 고용되지 않는다."는 문장과 관련하여 "그렇다면 고용되지 못한 서투른 노동자를 어떻게 처리할 것인가?"라는 당연한 질문을 여러 번 받았다. 이 의문은 이전에도 그대들의 마음에 떠올랐을지 모른다. 당신 집에 하녀 일자리가 하나 있는데—연봉은 20파운드이다—두 아가씨가 지원했다고 치자. 한 명은 깔끔한 옷차림이었지만 다른 한 명은 더러운 옷차림이었다. 한 명은 훌륭한 추천장을 갖고 왔지만 다른 한 명은 그렇지 않았다. 이런 상황에서 당신은 을에게 15파운드나 12파운드를 받고 일해주지 않겠느냐고 교섭한 뒤, 그러겠다고 동의한다면 훌륭한 추천장을 가져온 아가씨 대신 차림새가 지저분한 아가씨를 채용하지는 않을 것이다. 하물며 한 아가씨는 12파운드에, 다른 아가씨는 8파운드에 둘 다 채용할 수 있을 때까지 서로를 경쟁시켜 연봉을 깎으려 하지는 않을 것이다. 당신은 일하기 가장 적합한 아가씨를 채용하고 다른 아가씨는 돌려보낼 것이다. 지금 당신이 나한테 조바심을 내며 던진 질문에 관심을 갖는 것만큼 "그 아가씨는 어떻게 될까?" 하고 걱정하지는 않을 것이다. 내가 당신들에게 충고하고 싶은 것은 하나다. 노동자도 하인처럼 대하라는 것이다. 그런데 "서투른 노동자나 게으름뱅이나 불량배를 어떻게 처리할 것인가?"는 정말로 쉽지 않은 문제다.
우리는 지금 이 문제를 고찰하겠지만, 완벽한 국가적 상공업 제도의 운용을 겨우 12쪽 내의 지면에서 자세히 설명할 수는 없다는 점을 기억해주기 바란다. 또한 불량배나 게으름뱅이를 다루는 데에는 분명히 어려운 면이 좀 있으니까 되도록이면 생산하지 않는 게 낫다는 점도 고려해주기 바란다. 불량배의 역사를 고찰해보면 그들도 다른 것과 마찬가지로 사실은 제조된 품목이라는 것을 알 수 있을 것이다. 지금의 경제학 체계는 불량배의 제조에 많은 자극을 주고 있기 때문에, 그 체계가 옳지 않다는 것을 알 수 있을 것이다. 부랑자들을 교묘하게 다루는 체계보다는 정직한 사람들을 육성하는 체계를 찾는 편이 훨씬 낫다. 학교를 개혁하자. 그러면 감옥을 개혁해야할 필요가 거의 없어질 것이다.

에서는 서서히 쇠락하는 자와 배반으로 흥하는 자가 있기 때문에 또한 예속과 성공이라는 기복이 심한 제도가 만들어진다. 그리고 협력이라는 조화로운 불평등 대신에 죄악과 불운이라는 부당한 지배와 억압이 존재한다.

이처럼 한 국가 안에서 이루어지는 부의 유통은 인체의 혈액 순환과 닮아있다. 한편으로는 유쾌한 감정이나 건강에 좋은 운동 때문에 혈액 순환이 빨라지기도 하지만, 또 한편으로는 수치심이 일거나 열이 나서 빨라지기도 한다. 온기와 활력으로 가득 차 몸이 홍조를 띠기도 하지만, 그것은 부패의 전조이기도 하다.

이런 비유는 미세한 부분에까지 적용된다. 인체에서 병든 부분에 피가 몰리면 필연적으로 온몸의 건강이 망가지는 것처럼, 부가 병적으로 일부에만 편중되어 있으면 결국 국가 전체의 자원이 쇠퇴하게 된다. 이런 결과가 어떻게 해서 나타나는지는 가장 간단한 상황 아래에서 부가 발달해가는 실례를 한두 가지 고찰해보면 당장 이해할 수 있을 것이다.

가령 두 선원이 표류하다 무인도 해안에 이르러, 그곳에서 몇 년 동안 자신들의 노동만으로 살아남아야 한다고 가정해보자. 두 사람 모두 건강을 유지하면서 서로 협력하여 꾸준히 일한다면 편안한 집도 짓고, 시간이 지나면 꽤 넓은 경작지도 소유하게 되며, 앞으로 쓸 다양한 물품들도 저장할 수 있을 것이다. 이것들은 모두 실질적인 부, 즉 물적 재산이 된다. 두 사람이 공평히 열심히 일했다면, 각자 재산을 나누거나 이용할 권리도 똑같이 갖는다. 그들의 경제는 단지 소유물들을 신중하게 보존하고 공평하게 분배하는 것뿐이다. 하지만 시간이 지나면 그들 중 누군가가 공동 경작의 결과에 불만을 품을지도 모른다. 그들은 결국 경작지를 똑같이 나누고, 앞으로는 자기 밭에서만 일하고 그것으로 각자 살아가기로 합의할지도 모른다. 그런데 이런 합의가 이루어진 뒤 한 사람이 병에 걸려 중요한 시기 — 예를 들면 씨를 뿌리거나 수확할 시기 — 에 자기 밭에서 일을 할 수 없게 되었다고 치자.

그는 당연히 상대방에게 자기 대신에 파종하거나 수확해달라고 부탁할 것이다.

그러면 그의 동료는 당연히 이렇게 말할 것이다. "나는 너를 위해서 이런 여분의 일을 해주겠다. 하지만 내가 그 일을 해주면 나중에 나를 위해서 그만큼의 일을 해주겠다고 약속하라. 내가 네 밭에서 몇 시간 일하는지 적어둘 테니까, 내가 너의 도움을 받아야 할 필요가 있어 나를 도와줄 수 있을 때는 그만큼의 시간을 내 밭에서 일해 주겠다는 각서를 써 달라."

그런데 그의 병이 좀처럼 낫지 않고 여러 가지 사정이 있어서, 몇 년 동안이나 상대방의 도움이 필요했다. 그럴 때마다 그는 다시 일할 수 있게 되면 상대방의 명령에 따라 상대방이 그를 위해 일해 준 시간만큼 일해 주겠다고 약속하는 각서를 써주었다고 하자. 그렇다면 아픈 사람이 나아 다시 일할 수 있을 때 두 사람의 지위는 어떻게 바뀌었을까?

이제 이 두 사람을 하나의 '폴리스'(Polis; 도시국가) 혹은 국가로 치면, 그들은 한 사람이 아프지 않고 일했을 때보다 가난해져 있을 것이다. 아팠던 사람이 쉬는 동안 일했다면 생산했을 것을 뺀 만큼 가난해진 것이다. 동료는 더 많이 일해야 할 필요에 쫓겨 열심히 일했을지 모르지만, 결국 그의 토지와 재산은 거기에 쏟는 시간과 관심이 줄어든 만큼 손해를 보았을 게 뻔하다. 그리고 두 사람 재산의 합계는 둘 다 건강하게 활동할 수 있었을 때보다 확실히 줄어들어 있을 것이다.

하지만 그들의 관계에서 서로의 입지도 많이 달라진다. 아팠던 사람은 앞으로 몇 년 동안 자신의 노동력을 제공하겠다고 각서를 써주었고, 이전에 저장해둔 식량에서 자기 몫도 다 먹어버렸을 것이다. 결국 얼마 동안은 동료에게 식량을 의존하지 않으면 안 된다. 그는 빌린 식량에 대한 대가, 즉 '보수'로서 상대에게 더 많은 노동력을 제공하겠다고 약속할 수밖에 없다.

각서가 완전히 유효하다고 치면(문명국가에서는 그 효력이 법률로 보장되어 있다.)[16] 지금까지 두 사람 몫의 일을 해온 사람은 이제 마음만 먹으면 일에서 완전히 손을 떼고 빈둥거리면서 시간을 보낼 수 있다. 그리고 동료에게 이미 써준 각서들을 모두 이행하도록 강요할 뿐만 아니라, 그에게 빌려준 식량에 대해 더 많은 노동력을 제공하겠다는 약속을 지키라고 요구하면서 마음껏 부려먹을 수도 있다.

이 합의에는 처음부터 끝까지 손톱만큼의 불법성(이 말의 통상적인 의미에서)도 없을지 모른다. 하지만 그들의 경제 상태가 여기까지

---

16) 화폐의 실질적 본질에 관한 논쟁은 논객들의 견해가 각기 다르기 때문에 일어나기보다는 오히려 그들이 화폐의 기능을 각기 다른 관점에서 고찰하기 때문에 일어난다. 소위 화폐라는 것은 모두 부채의 승인서다. 하지만 그것은 채권자의 노동과 재산을 나타낸다고 볼 수도 있고, 채무자의 나태와 빈곤을 나타낸다고 볼 수도 있다. 이 문제는 통화에 본질적 가치나 안전을 부여하기 위해 금·은·소금·조개껍데기처럼 교환 가치가 있는 상품을 이용했기 때문에 (지금까지는 꼭 필요했다.) 더욱 복잡해졌다. 하지만 화폐에 대한 정의 가운데 가장 궁극적이고 최고의 정의는 "요구에 따라 일정량의 노동을 주거나 알선한다는 것을 국가가 승인하고 보증해주는 문서"다. 어떤 생산물의 양보다 어떤 사람의 하루치 노동량을 화폐 가치의 기준으로 삼는 것이 좋다. 어떤 생산물도 생산성을 일관된 비율로 유지할 수는 없기 때문이다.

진척되었을 때 아무것도 모르는 사람이 그 해안에 도착해서 보았다면, 한 사람은 상업적으로 부유하고 상대방은 상업적으로 가난하다는 것을 알 수 있을 것이다. 그리고 한 사람은 빈둥거리며 시간을 보내는데, 다른 한 사람은 먼 훗날 자신의 경제적 독립을 회복하려는 희망을 품고 두 사람 몫의 노동을 하면서 근근이 살아가고 있는 것을 보고 크게 놀랄 것이다.

이것은 물론 사람들 사이에 소유의 불평등이 확립되어 상업적 형태의 빈부가 발생하는 수많은 방식 가운데 한 예에 지나지 않는다. 앞의 예에서도 아픈 사람은 처음부터 일부러 게으름을 피웠고, 지금 편하기 위해 자기 일생을 저당 잡혔을지도 모른다. 또는 자신의 경작지를 잘못 관리해서 이웃에게 식량과 도움을 청할 수밖에 없었고, 그 대가로 훗날의 노동력을 저당 잡혀야만 했을지도 모른다.

하지만 여기서 독자들이 특히 유의해주기 바라는 것은, 이런 종류의 유형의 대부분에 공통된 사실로서, 노동에 대한 청구권으로 이루어지는 상업적 부의 확립은 실물 재산으로 이루어지는 실질적 부가 국가적으로 감소하는 것을 의미한다는 사실이다.

상업계의 일반적인 추이에 부합하는 보다 더 적절한 예를 하나

들어보자. 이번에는 두 사람이 아니라 세 사람이 주위와 단절된 작은 공화국을 만들었다고 치자. 그들은 해안을 따라 띄엄띄엄 떨어져 있는 땅을 경작하기 위해 서로 띄엄띄엄 살게 되었다. 각자의 농장은 서로 다른 종류의 산물을 공급하고, 서로가 다른 농장에서 나는 산물을 다소나마 필요로 한다. 이제 세 사람 가운데 한 명이 세 사람 모두의 시간을 절약하기 위해 한 농장에서 다른 농장으로 산물을 나르는 일을 관리하고, 한쪽의 산물을 나를 때마다 그에 충분히 합당한 자기 몫의 보상을 받거나, 아니면 그 산물을 교환하여 받은 또 다른 산물에 대해 적절한 보상을 받기로 했다고 치자.

이 운송자 또는 심부름꾼이 항상 적절한 시기에 각 농장이 가장 필요로 하는 물건을 다른 농장에서 가져다준다면 두 농장은 번창할 것이고, 이 작은 공동체는 최대한 많은 산물, 즉 부를 얻을 수 있을 것이다. 하지만 두 농장주는 운송자를 통해서만 교류할 수 있다고 가정해보자. 얼마 후 이 운송자는 두 농장주의 경작 상황을 보고 자기한테 맡긴 물품을 두 사람이 절실히 필요로 하는 시기가 올 때까지 따로따로 놓아두었다가, 곤경에 처한 농장주에게 그것을 넘겨주는 대가로 다른 종류의 산물을 최대한 많이 요구할 것이다. 그는 정기적으로 양쪽 농장의 잉여 생산물을 대부분 차지할 수 있고, 마침내 심각한 재앙이 닥치거나 흉년이 든 해에 양쪽 농장을 사들이고, 그 후로는 이전의 농장주들을 일꾼이나 하인으로 부리게 되리라는 것은 쉽사리 알 수 있다.

이것은 근대 경제학의 가장 정확한 원칙에 따라 얻어진 상업적 부의 한 사례로 볼 수 있다. 하지만 앞의 경우보다 이 경우에 한층 더 뚜렷이 나타나는 것은 국가의 부, 다시 말해서 하나의 사회로 간주되는 세 사람의 부가, 집합적으로 볼 때, 그들 가운데 운송자인 상인이 보다 정당한 이익에 만족했을 때보다 줄어든다는 점이다. 이 사례에서는 두 농부의 일이 극도로 방해를 받고 있다. 결정적인 시기에 필요한 물품의 공급이 계속 제한을 받고 있고, 또한 영구적인 이득을 얻을 전망도 없이 단지 생존을 위한 투쟁이 오랫동안 이어져 의욕을 상실했기 때문에, 실질적인 노동의 성과도 대폭 줄어들었을 것이다. 그리고 결국 상인의 손에 축적된 농산물도 그가 정직하게 거래했더라면 두 농부와 자신의 창고에 가득 채워졌을지도 모를 농산물과 반드시 대등한 가치는 아닐 것이다.

따라서 국부(國富)에 이로운 것이 무엇인가 하는 것뿐만 아니라 그 양에 관한 것조차도 결국은 모두 추상적 정의의 문제로 결론지어진다. 획득한 부가 단지 존재한다는 사실만으로 그 부가 존재하는 국가에 이롭거나 해롭다고 결론짓는 것은 불가능하다. 그 부의 진정한 가치는 거기에 붙어 있는 도덕적 기호에 달려 있으며, 마치 수학적 분량의 가치가 거기에 붙어 있는 대수학적 기호에 달려 있는 것과 딱 들어맞는다. 상업적 부의 축적은 한편으로는 충실한 근면과 진취적인 에너지와 생산적 창의성을 보여줄 수도 있지만, 다른 한편으로는 허무맹랑한 사치나 무자비한 학대나 파멸을 가져오는 속임수를 보여줄지도 모른다. 어떤 보물은 제대로 저장하지 않은 수확물이 때 아닌 비에 젖은 것처럼 인간의 눈물로 젖어 있으며, 어떤 황금은 햇빛 속에서 실제보다 더 빛나기도 한다.

그리고 이런 것들은 단순히 부를 추구하는 사람들이 경멸하고 싶으면 그렇게 해도 좋은 부의 도덕적 또는 감정적 속성이 아니라, 문제가 된 돈의 금전적 의미를 한없이 떨어뜨리기도 하고 끌어올리기도 하는, 문자 그대로 엄밀하게 부의 물질적 속성이다. 한 무더기의 돈은 그 돈을 모으는 과정에서 열 배나 많은 것을 창조한 활동의 산물인 것도 있고, 열 배나 많은 것을 없애버린 활동의 산물인 것도 있다.

이처럼 강력한 손들은 까마중[17]으로 마비시킨 것처럼 무력해졌

---

17) nightshade; 가지 속(屬)에 속하는 식물로 배풍등(排風藤)이라고도 하며 독성이 있다. —옮긴이 주.

다. 그리하여 수많은 강력한 사람들이 용기를 잃었고, 온갖 생산 작업들이 방해를 받았다. 노동자에게 이런저런 잘못된 지시가 내려지고, 일곱 번 가열한 용광로를 파묻은 두라Dura 평원 위에 거짓된 번영의 신상이 세워졌다.[18] 부처럼 보이는 것도 사실은 광범위한 파멸의 도금된 징조일 뿐인지도 모른다. 또는 해적이 상선을 해안으로 유인하여 빼앗은 한 줌의 화폐인지도 모른다. 또는 종군(從軍) 상인[19]이 영광스럽게 전사한 군인들의 가슴에서 벗겨낸 한 뭉치의 누더기인지도 모른다. 또는 시민과 나그네를 함께 매장할 토기장이의 밭을 산 부정한 돈인지도 모른다.[20]

따라서 부를 획득하기 위한 지침은 그 부의 도덕적 근원에 대한 고려와 관계없이 주어질 수 있다거나, 또는 구매와 이득에 관한 일반적이고 전문적인 법칙은 모두 국민의 실천을 위해서 설정될 수 있다는 생각이야말로 예로부터 인간의 악덕을 이용하여 인간을 나쁜

---

18) 다니엘이 꾼 꿈의 해몽으로 두라 평원에 거대한 금상을 세운 바빌론 왕 느부갓네살(네부카드네자르)은 만백성들에게 이를 숭배하라고 명령했다. 이를 거부하는 자는 용광로에 처넣었는데, 다니엘의 친구 사드락과 메삭과 아벳느고도 우상숭배를 거부한 바람에 용광로에 던져졌으나 하나님의 아들과 함께 살아나왔다. 『다니엘서』 제3장 참조. ─옮긴이 주.

19) camp─follower; 옛날 군대를 따라 다니며 물건을 팔거나 일을 하던 사람. ─옮긴이 주.

20) 유다가 후회하며 예수를 팔아 챙긴 은화 30량을 제사장들에게 돌려주려 했으나 받지 않자 신전에 내동댕이치고 목매어 자살했다. 그러자 제사장들이 이 돈으로 토기장이의 밭을 사서 나그네들의 공동묘지로 만들었다. 『마태복음』 제27장 3절 참조. ─옮긴이 주.

길로 빠뜨린 모든 사상들 가운데 가장 구역질나고 무익한 것일 것이다. "가장 값싼 시장에서 사고, 가장 비싼 시장에서 팔라."는 상업적 교훈은 국가 경제의 유익한 원칙을 보여준다는, 또는 어떤 상황에서도 보여줄 수 있다는 근대 사상만큼 인간의 지성에 수치스러운 것은 내가 아는 한 역사에 한 번도 기록된 적이 없다.

가장 값싼 시장에서 사라고? 좋다. 하지만 무엇이 시장을 싸게 만드는가? 집에 불이 난 뒤 숯으로 변한 들보들은 쌀지도 모른다. 지진이 난 후 길거리의 벽돌 역시 쌀지도 모른다. 그렇다고 해서 화재와 지진이 국가에 이익이 될 수는 없다. 가장 비싼 시장에서 팔라고? 그것도 좋다. 하지만 시장을 비싸게 만든 것은 무엇인가? 당신이 오늘 아주 비싼 값에 빵을 팔았다고 치자. 마지막 남은 동전을 빵 값으로 다 쓰고 다시는 빵을 먹을 필요가 없는 죽어가는 사람에게 판 것인지, 내일이 되면 당신의 재력을 능가해서 당신의 농장을 살 수 있는 부자에게 판 것인지, 아니면 여러분이 재산을 위탁한 은행을 털러 가는 군인에게 판 것인지 알 수 없지 않은가?

이런 것에 대해 당신은 아무것도 알 수 없다. 당신이 알 수 있는 것은 단 한 가지뿐이다. 즉 당신의 이 거래는 정당하고 성실한 것이었는가. 이 거래에 관해서 당신이 걱정할 필요가 있는 것은 그것이

전부이다. 이것을 확실히 해야만 누군가를 약탈하거나 죽음으로 내몰지 않는 상태를 궁극적으로 세상에 가져오기 위해 자신의 몫을 다하는 것이다. 따라서 이런 것들과 관련된 모든 문제들은 결국 정의라는 커다란 문제로 흡수되는데, 지금까지의 논술에서 그 문제를 해결할 바탕이 마련되었다. 따라서 나는 다음 논문에서 이 문제를 다룰 작정이지만, 마지막으로 독자 여러분이 고려해주기 바라는 세 가지 사항만을 여기에 남겨두고자 한다.

돈의 주된 가치와 효능은 그것이 인간에 대한 지배력을 가지고 있다는 것이 밝혀졌다. 이 힘이 없다면 엄청난 물적 재산도 아무런 소용이 없으며, 그런 지배력을 가진 사람에게는 물적 재산이 비교적 불필요해진다. 하지만 인간에 대한 지배력은 돈이 아닌 다른 수단으로도 얻을 수 있다. 앞에서 말했듯이, 돈의 힘이란 언제나 불완전하고 불확실한 것이다. 돈으로 얻을 수 없는 것도 많고, 어떤 것들은 돈으로 유지할 수도 없다. 인간이 누릴 수 있는 기쁨 중에는 황금으로 살 수 없는 것도 많고, 인간의 내면에 있는 충성심은 황금으로 보상할 수 없는 경우도 많다.

너무 진부하다고 생각할지 모른다. 사실 그렇긴 하다. 이 도덕적인 힘으로는 도저히 헤아리거나 측정할 수 없더라도, 좀 더 묵직한 화폐가 상징하는 것만큼이나 실질적인 화폐의 가치가 그 힘 속에 존재한다는 말은 ─ 나는 그렇기를 바라는데 ─ 그리 진부하지 않다. 인간의 손에는 눈에 보이지 않는 황금이 가득 들어 있는지도 모른다. 그리고 그것을 휘두르거나 움켜쥐면, 황금을 소나기처럼 뿌리는 사람보다 더 강한 힘을 발휘할 수도 있을 것이다. 또한 눈에 보이지 않는 이 황금은 아무리 써도 줄어들지 않는다. 이 정신적인 힘은 측정할 수 없을지라도, 경제학자들도 언젠가는 그것에 주의를 기울이는 게 나을 것이다.

하지만 그것만이 아니다. 부의 본질은 인간에 대한 지배력에 있기 때문에, 외관상 또는 명목상의 부가 이 지배력을 상실하면 본질을 상실하게 된다. 사실상 그것은 전혀 부가 아니다. 최근 영국에서는 하인들에 대한 우리의 권위가 절대적인 것처럼 보이지는 않는다. 하인들은 급료가 제때 지급되지 않는다는 생각이 들면 욱하면서 이층으로 뛰어들 것 같은 기세를 보이고 있다. 어떤 신사의 거실에서 이런 일이 하루가 멀다 하고 일어난다면, 우리는 그 신사의 재산에 대해 위기를 느껴야 할 것이다.

또한 우리의 부는 하인들을 온순하게 만들 힘이 없을 뿐만 아니라 그들을 편안하게 해줄 힘도 제한되어 있는 것 같다. 부엌에서 일하는 사람들은 초라한 옷차림에 불결하고 반쯤 굶은 것처럼 보인다. 기존 지배층의 부란 너무나 이론적이고 서류상의 부에 지나지 않는다고 생각하지 않을 수 없다.

마지막으로 부의 본질이 인간에 대한 지배력에 있기 때문에, 부의 지배를 받는 사람들이 고귀할수록, 또 그 수가 많을수록 부도 그만큼 커질 것이다. 좀 더 생각해보면 사람 자체가 부로 보일 수도 있다. 우리는

비잔트 금화(Byzant 또는 Bezant). 비잔틴 제국에서 발행된 금화로 중세 유럽에서 널리 통용되었다.

황금으로 남을 지배하는 버릇이 있는데, 사실 그 황금은 일종의 장식용 마구(馬具)에 불과한 것이다. 미개한 눈에는 반짝거리며 아름답게 보이지만, 그것은 말을 통제하기 위한 굴레일 뿐이다. 하지만 이 살아 있는 동물들의 입이나 귀에 비잔트 금화를 짤랑거려 마음 졸이게 하지 않고도 그들을 다룰 수 있다면, 그것은 굴레보다 더 가치 있는 존재일 것이다. 사실 그런 경우도 찾아볼 수 있다. 부의 진정한 광맥 ─ 그것은 '암석'Rock 속이 아니라 '인간'Flesh 속에 있다. ─ 은 새빨갛다는 것이 밝혀질지도 모른다. 그래도 모든 부의 최종적

인 성과와 완성은 활기차고 눈이 반짝거리는 행복한 인간들을 되도록 많이 생산하는 데 있을 것이다. 그런데 최근 우리나라의 부는 오히려 이와는 다른 길로 간다는 생각이 든다. 경제학자들은 대부분 인구의 증가가 부의 증가에 전혀 도움이 안 된다거나, 인간은 희미해진 눈과 편협한 마음 상태로 남아 있을 때만 부의 증가에 도움이 된다고 생각하는 듯하다.

그럼에도 불구하고 이것은 진지한 문제라서 여기에 대해 독자들이 심사숙고해줄 것을 다시금 촉구한다. 국가의 제조업 가운데 양질의 인간을 만들어내는 것이 결국에는 가장 수지맞는 사업이라 할 수 있지 않을까? 아니, 아직 꿈에도 생각해본 적이 없는 먼 미래의 일이 될지도 모르지만, 영국은 소유 재산에 대한 모든 사상을 그 발상지인 미개한 나라에 되돌려 주리라는 것을, 그리고 인더스 강의 사금이나 골콘다의 다이아몬드[21]가 여전히 군마(軍馬)의 장식으로 빳빳하게 달려있고, 노예의 두건에서 빛나고 있을지 모르지만, 기독교의 어머니로서 영국은 마침내 이교도의 어머니[22]의 미덕에

---

21) Golconda; 예부터 다이아몬드 산지로 유명한 인도 남동부의 마을. ―옮긴이 주.

22) 카르타고의 한니발 장군을 격퇴시킨 로마의 스키피오 장군의 둘째딸인 코르넬리아(정식 이름은 Cornelia Scipionis Africana, B.C. 190년경―100년)는 그라쿠스 형제의 어머니이다. 로마 최고의 지적인 여성이었던 그녀는 어떤 모임에서 귀부인들이 각자 자기들의 보석을 자랑하자, 그녀는 티베리우스와 가이우스 두 아이들을 가리키며, "이 아이들이 내 보석입니다."라고 말했다고 한다. ―옮긴이 주.

도달하여 그 보물들을 얻을 것이며, 자신의 아들들을 데리고 나와 다음과 같이 말할 수 있기를 감히 상상해본다.

"이 아이들이 바로 내 보석입니다."

코르넬리아와 두 아들 티베리우스 그라쿠스와 가이우스 그라쿠스

제3편

지상의 심판자여

예수가 태어나기 몇 세기 전에 황금해안[23]에서 크게 장사를 하여 당대 최고 부자들 중 한 사람이 되었다는(또한 현실적인 지혜가 뛰어난 것으로도 유명한) 어떤 유대인 상인이 장부 사이에다 부에 관한 일반적 격언을 약간 남겨놓았는데, 이상하지만 오늘날까지도 잘 보존되었다. 그 격언들은 중세의 가장 활동적인 무역상들에게 상당한 존경을 받았는데, 특히 베네치아 사람들은 거기에 감

---

23) 「열왕기 상」 제9장, 26−28절에 나오는 '오파르'를 가리키며, 유대인 상인은 솔로몬 왕이다. "솔로몬 임금은 에돔 땅의 갈대 바닷가, 엘랏 근처에 있는 에츠욘 게베르에다 상선대를 만들었다. 히람은 자기 종들 가운데 바다에 익숙한 선원들을 상선대와 함께 보내어, 솔로몬의 종들과 함께 있게 하였다. 그들은 오피르로 가서 금 420 탈렌트를 실어와 솔로몬 임금에게 바쳤다." −옮긴이 주.

명을 받고 그들의 주요 공공건물 한 모퉁이에 그 유대인의 동상까지 세울 정도였다. 그런데 최근 들어 그 격언들이 여러 가지 점에서 근대의 상업 정신과 상충한다는 이유로 악평을 받고 있다

베네치아 시청사 모퉁이에 있는 '솔로몬의 심판' 조각상

그렇지만 나는 그 격언들 중 한두 구절을 여기에 적어보려고 한다. 그 참신함이 독자들의 흥미를 끌 거라고 생각하기 때문이기도 하지만, 주된 이유는 아주 실질적이고 유능한 상인이라도 실패하지

않은 경력을 통해서 깨끗한 재산과 부정한 재산을 구별하는 원칙을 지키는 게 가능하다는 것을 독자들에게 보여줄 것이기 때문이다. 앞의 논문에서 그 원칙을 부분적으로 주장했었기 때문에, 여기서 그것을 더욱 완벽하게 검토하는 것이 우리가 해야만 할 일이다.

예를 들면 그는 어딘가에서 이렇게 말하고 있다. : "거짓말하는 혀로 재산을 모으는 것은 이리저리 흩날리는 덧없는 것이며, 죽음을 구하는 것이다." 그리고 다른 곳에서는 같은 의미로 이렇게 말하고 있다(그는 자기가 한 말을 되풀이하는 이상한 버릇이 있다.). : "부정하게 모은 재산은 아무 쓸모가 없지만, 정의는 죽음에서도 사람을 건져낸다." 이 두 구절에서 주목해야 할 점은 부당한 수법으로 얻은 모든 부의 궁극적인 결과는 죽음뿐이라는 것이다. 우리가 '거짓말하는 혀' 대신에 '거짓말하는 상표나 타이틀, 포장, 광고'로 읽으면, 오늘날 상업계에서 쓰이는 용어들에 담긴 내용을 보다 분명히 알 수 있을 것이다. '죽음을 구한다.'는 말은 그러한 상업에서 사람들의 노고가 실제로는 어느 곳으로 가고 있는지를 너무나 잘 표현하고 있다. 우리는 항상 죽음이 우리를 쫓아왔고 우리는 죽음을 피해 달아난 것처럼 말한다. 하지만 그것은 아주 드문 경우에 불과하다. 통상 죽음은 스스로 가면을 써서 ─ 자신을 아름답게 꾸며서 ─ 찬란하게 빛난다. 하지만 그것은 왕의 딸처럼 내면에서 빛나는 것이 아니라, 겉으로만 빛나고 있다. 죽음의 옷은 황금으로 만들어져 있기 때문이다. 우리는 평생을 미친 듯이 죽음을 뒤쫓고, 죽음은 우리에게서 달아나거나 우리를 피해 숨는다. 우리가 고희 (古稀, 70)의 나이에 얻는 최고의 성공은 죽음을 아주 확실히 붙잡 아 가면을 벗기고 그를 영원히 본래 모습 — 의복과 유골과 가시 — 그대로 있게 하는 것이다.

다시 그 상인은 이렇게 말하고 있다. "자기 재산을 늘리기 위해 가난한 자를 박해하는 자는 가난해질 뿐이다." 그는 더 강한 어조 로 말하고 있다. "가난한 자를 가난하다는 이유로 탈취하지 말고, 고통받는 자를 상업의 장소에서 억압하지 말라. 주님께서 그들을 약탈한 자의 영혼을 약탈하시기 때문이다."

'가난하다는 이유로 가난한 자를 탈취하는 것'은 상업적 형태의 도둑질인데, 이는 타인의 노동이나 재산을 헐값에 얻기 위해 그 사 람의 궁핍을 이용하는 것이다. 이와 반대로 일상적인 형태의 강탈, 즉 부유하다는 이유로 부유한 자를 탈취하는 것은 이 옛 상인의 마음에는 떠오르지 않았던 모양이다. 부유한 자를 약탈하는 것은 가난한 자를 약탈하는 것보다 벌이가 적고 위험성은 더 크기 때문 에 신중한 사람들은 좀처럼 그런 짓을 하지 않는다.

하지만 의미심장하고 보편적이라는 점에서 다음 두 구절은 가장 주목할 만하다.

"부유한 자와 가난한 자가 만났다. 주님이 그들을 창조하시었다."
"부유한 자와 가난한 자가 만났다. 주님이 그들의 빛이시다."

그들이 '만났다.'는 것은, 좀 더 문자 그대로 말하면, 각자의 길을 (막고) 서 있다는 것이다. 다시 말하면 이 세상이 존재하는 한, 부유와 가난의 작용과 반작용, 부자와 빈자의 얼굴을 맞댄 대립은 마치 강물이 바다로 흘러가거나 전기를 띤 구름들 사이에 전력이 오가듯 세상의 정해진 필연적인 법칙이다.

"주님이 그들을 창조하시었다." 하지만 이 작용은 온화하고 정당한 것이 되거나 격동적이고 파괴적인 것이 될 수도 있다. 그것은 격렬한 홍수처럼 격렬하게 이루어지거나 요긴한 물결처럼 잔잔하게 이루어질 수도 있다. 낙뢰처럼 어둠 속에서 이루어지거나 저 멀리서 들려오는 사랑의 속삭임으로 구현될 수 있는 부드러운 생명의 불길의 끊임없는 힘 속에서 이루어질 수도 있다. 이들 가운데 어느 것이 될지는 다름이 아니라 부자와 빈자 모두가 주님이 그들의 빛이라는 사실을, 또 인생의 신비 속에서 그들이 서로 얼굴을 볼 수 있고 살아갈 수 있는 것은 이 빛이 있기 때문에 가능하다는 사실을 알고 있느냐의 여부에 달려 있다. 이 빛은 상인의 격언이 보존되어 있는 또 다른 책에는 '정의의 태양'Sun of Justice[24]이라고 적혀있는데, 그것은 마침내 '치유하는'(건강을 주거나 돕고, 완전하게 하거나 일치시키는) 능력을 갖추고 자신의 날개로 떠오를 것이라고 약속되어 있다.

왜냐하면 이 치유는 정말이지 정의에 의해서만 가능하기 때문이다. 어떤 사랑도, 신앙도, 희망도 사람을 치유하지는 못할 것이다. 사람은 우선 정당하지 않으면 어리석은 애욕에 빠지거나 헛된 믿음을 갖게 될 것이다. 그리고 세대를 거치면서 가장 훌륭하다는 사람들이 저지른 과오 중 가장 큰 것은 가난한 자에게 자선을 베풀고, 인내와 희망을 설교하며, 또 고통을 완화시키거나 위안을 주는 다른 온갖 수단을 통해 도우려고 생각했지만, 신의 명령인 정의

---

24) 좀 더 엄밀히 말하면, '정당(正當)의 태양'이다. 하지만 'justness'이라는 약간 거슬리는 단어보다는 보통 오래된 영어 'righteousness'라는 낱말을 많이 쓴다. 이 말은 '경건'(godliness)과 혼동되거나 또는 온갖 애매하고 불완전한 의미들이 덧붙여지는 바람에, 사람들은 대부분 이 말이 나오는 구절의 영향을 받지 못했다. '의'(righteousness)는 본래 지배의 정의(Justice of Rule)나 '정도(正道, Right)를 가리키는 말로, 균형의 정의(Justice of Balance)를 가리키는 '공평'(公平, Equity)과는 구별된다. 좀 더 넓은 의미로 말하면, '의'는 왕의 정의이며 '공평'은 판관의 정의다. 왕은 모든 백성들을 이끌고 지배하는 반면에, 판관은 서로 대립하는 양쪽의 중간에서 심판하고 판단한다.(그러므로 다음과 같은 이중적인 질문이 생긴다. : "누가 너를 지배자 dikastes와 판관dividermeristes으로 우리 위에 세웠느냐.") 「사도행전」 제7장 27절 참조. ─ 옮긴이 주.]. 그리하여 선택의 정의(고르는 것, 비교적 힘이 약한 수동적인 정의)에 관해서는 lego에서 lex, legal, loi, loyal과 같은 낱말들이 생겨났고, 지배의 정의(지시하는 것, 좀 더 강하고 능동적인 정의)에 관해서는 rego에서 rex, regal, roi, royal 같은 낱말들이 생겨났다.

만은 염두에 두지 않았다는 사실이다. 그러나 이 정의는 거기에 따르는 신성함이나 유익함과 함께, 그것이 가장 필요한 때에 가장 선량한 사람에게조차 거부당하기 때문에, 그것이 출몰하는 곳마다 많은 사람들의 증오심을 자아내고 있다. 그래서 어느 날 공정한 선택권이 그들에게 주어지자, 그들은 거룩하고 의로운 자the Helpful One and the Just[25]를 거부하고 살인자이자 폭동의 원흉이며 강도인 그를 자기들에게 넘겨달라고 요구했다. 생명의 주님 대신 살인자를, 평화의 왕자 대신 폭동의 원흉을, 온 세상의 정의의 심판자 대신 강도를 달라고 요구한 것이다.

나는 부의 작용을 보여주는 비유의 일부로서 바다로 흘러드는 강물을 이야기했었다. 그러나 이것은 어떤 점에서는 부분적이 아니라 완전한 비유다. 대중적인 경제학자는 부 또는 일반적인 형태의 재산은 필요한 곳으로 가기 마련이라는 것을, 즉 수요가 있는 곳에는 반드시 공급이 따른다는 것을 발견했다면서 스스로 똑똑한 사람이라 생각한다. 그들은 이 수요 공급의 과정은 인간의 법률로 금할 수 없다고 선언한다. 이와 똑같은 의미에서, 그리고 이와 똑같은 확실성을 가지고, 세계의 물은 그것이 필요한 곳으로 흘러간다. 물

---

25) 다른 곳에서는 같은 의미로 '정의롭고 구원을 베푸는'이라고 씌어 있다.

은 지면이 낮은 곳을 따라서 흐른다. 그리고 구름이나 강물의 흐름은 인간의 의지로 막을 수 없다. 하지만 물의 배치와 관리는 인간의 장래에 대한 고려에 따라 바뀔 수 있다. 흐르는 물이 저주가 되느냐 축복이 되느냐는 인간의 노동과 관리하는 지식의 힘을 어떻게 실행하느냐에 달려 있다.

세계의 많은 지역들이 땅은 비옥하고 기후는 온화하면서도 그곳을 흐르는 강물의 횡포 때문에 수세기에 걸쳐 황무지로 남아 있다. 황무지일 뿐만 아니라 전염병으로 오염되어 있다. 강물을 잘 관리하면 밭에 물을 대면서 천천히 흘러 공기를 맑게 하고, 사람과 가축에게 식량을 공급하며, 그들을 대신해 무거운 짐을 제 가슴에 안고 날랐을 텐데, 이제는 평원을 휩쓸고 공기를 오염시키고 있다. 그 숨결은 전염병을, 그 흐름은 기근을 가져오고 있다. 그와 마찬가지로 이러한 부도 "그것이 필요한 곳으로 흘러간다." 어떤 인간의 법률도 그 흐름을 막을 수 없다. 물의 흐름을 유도할 수 있을 뿐이다. 하지만 흐름을 이끄는 도랑과 흐름을 막아내는 둑으로 철저히 물의 흐름을 유도하면, 그 물은 '생명의 물' — 지혜의 손에 있는 부[26]가 될 것

---

26) 『잠언』 제3장 16절 참조. ["그 오른 손에는 장수(長壽)가 있고, 그 왼손에는 부와 명예가 있다." — 옮긴이 주.]

이다. 이와는 반대로 제멋대로 흐르게 내버려두면, 예전부터 너무나 자주 일어났듯이, 나라의 재앙 가운데 파국을 몰고 올 가장 치명적인 '마라의 물'[27] — 모든 해악의 근원을 키우는 물이 될 수도 있다.

그런데 이상하게도 평범한 경제학자는 자신의 '학문'을 정의할 때 분배나 제한에 대한 이 법칙들의 필요성을 빼먹는다. 그는 '경제학'을 간단하게 '부자가 되는 학문'이라고 부른다. 부자가 되는 기술이 널려 있는 것처럼 부자가 되는 학문도 많다. 큰 재산을 가진 사람을 독살하는 것은 중세에 널리 쓰였던 기술이고, 적은 재산을 가진 사람의 음식에 불순물을 섞는 것은 요즘 많이 쓰이는 기술이다. 하일랜드 사람들의 협박이라는 고전적이지만 명예로운 방법, 신용을 담보로 물품을 구매하는 비교적 근대적이지만 덜 명예로운 제도, 그 밖에 전유(專有)를 위해 다양하게 개량된 방법들 — 가장 기교를 요하는 소매치기에 이르기까지, 크고 작은 규모의 산업에서 쓰이는 이러한 방법들은 요즘의 천재들 덕분에 고안되었다. — 은 모두 부자가 되는 학문 내지 기술이라는 전반적인 항목에 포함시킬 수 있다. 따라서 속류의 경제학자가 자신의 학문을 부자가 되는 데 뛰

---

27) the water of marah; 마라는 이집트 수에즈 근처에 있다고 전해진다. 하지만 「출애굽기」 제15장 23절을 보면, 이미 홍해를 건넌 뒤에 이 지명이 나온다. "마라에 이르렀더니 그 곳 물이 써서 마시지 못하겠으므로 그 이름을 마라라 하였더라." —옮긴이 주.

어난 학문이라고 부를 때는 그 학문의 성격을 제한하는 어떤 특정한 관념을 덧붙여야 한다는 것은 분명하다. 나는 그 경제학자의 학문이 "합법적 또는 정당한 수단으로 부자가 되는" 학문을 의미한다고 쳐도, 그의 말뜻을 잘못 전한 것이 아니기를 바란다. 이러한 정의에서 '정당'이라는 말과 '합법적'이라는 말 중 어느 것이 끝까지 살아남을까? 어떤 나라에서는, 또는 어떤 통치자의 밑에서는, 또는 어떤 변호사의 도움을 받으면 결코 정당하지 않은 행위도 합법적일 수있기 때문이다. 따라서 경제학에 대한 정의(定義)의 그 자리에 '정당'이라는 말만 끝까지 남겨두면, 이 외롭고 대수롭지 않은 낱말을 끼워넣음으로써 우리 학문의 근본에 현저한 차이를 만들어낼 것이다. 그 정의에 따르면 과학적으로 부자가 되기 위해서는 정당하게 부자가 되어야 하고, 따라서 무엇이 정당한 것인지를 알아야 하기 때문이다. 그러면 우리의 경제학은 단순히 사리분별(事理分別, prudence)에만 의존하는 것이 아니라 법리(法理, jurisprudence)—그것도 인간의 법률이 아니라 신의 법리—에 의존할 것이다. 이 사리분별은 결코 하찮은 도리가 아니다. 그것은 저 하늘 높이서 영원히 정의의 태양이 내뿜는 빛을 주시하는 것과 같은 것이다.

그런데 단테는 이것에 뛰어난 영혼들을 하늘에서 영원히 독수리눈의 모양을 띠고 있는 별들로 표현하고 있다. 그들은 살아 있을 때 어둠으로부터 빛을 감지할 줄 알았고, 모든 인류에게 육체의 등불인 눈으로 존재했기 때문이다. 독수리의 날개를 이룬(정의에 힘과 지배권을 주고, "그 날개로 치유해주는") 그 영혼들은 또한 하늘에 빛으로 이런 글을 새긴다. "DILIGITE JUSTITIAM QUI JUDICATIS TERRAM", 즉 "대지의 심판자여", (그저 평범한 사랑으로만 바라보지 말고) "정의를 각별히 사랑하라."[28] 그것은 다른 모든 것들에 우선하여 열심히, 즉 남달리 추구하는 사랑이다. 지상에서 심판을 하거나 집행하는 것은 판관에게만 요구되는 일도 아니고 통치자에게만 요구되는 일도 아니다. 모든 사람들이 자신들의 능력과 지위에 따라 심판하고 집행해야 한다.[29]

그런데 기독교도로서 부름을 받아 '성인'(남을 돕거나 치유하는 직분을 맡은 자)이 되거나 '왕으로 선택받은'(남을 알고 이끄는 직분을 맡은 자) 자로 나오는 성경 구절을 자신에게 기꺼이 적용할 준비가 되

---

28) 단테의 『신곡』, '천국편' 제18곡(Paradiso, Canto 18)에 나오는 구절. ―옮긴이 주.

29) 이 논문의 제1편에서 내가 "정의를 집행하는 것이 법률가의 직분이다."라고 한 말에 우리 법률가들 일부는 무척 재미있어 했다고 한다. 나는 이 말을 농담으로 한 것이 아니다. 그럼에도 불구하고 위의 문장을 보면 내가 정의의 결정과 집행을 완전히 법률가 고유의 기능으로 생각지 않았다는 것은 분명할 것이다. 아마도 상비군이든 군인이든 목사든 법률가든('목사'라는 총칭에는 모든 교사들도 포함되고, '법률가'라는 총칭에는 법의 해석자뿐만 아니라 제정자도 포함된다.) 국민들 중에서 헌신적이고 지혜롭고 정직한 사람들의 힘으로 그들을 대체할수록 국가가 더 나아질 것이다.

어 있는 사람들조차 애석하게도 이 진리를 보지 못하고 있다. 무자비하고 무능한 사람들이 성직이나 왕좌를 더럽혔기 때문에, 또한 성직의 거룩함과 왕위의 고귀함은 자비나 판단력이 아니라 기다란 사제복을 입고 높은 왕관을 써야 발한다는 생각이 한때 유행했기 때문에 성인과 왕이라는 칭호는 오래 전에 그 진정한 의미를 잃어버렸다. 하지만 진정한 성직은 인간을 구원하는 힘이요, 진정한 왕위는 인간을 다스리는 힘이다. 그리고 부정(不正)은 그러한 힘의 일부를 거부하는 것인데, 그것은 "사람들을 기어 다니는 것으로 만들고, 다스리는 자가 없는 바닷물고기로 만든다."[30]

사실 절대적인 정의는 절대적인 진실과 마찬가지로 우리가 얻을 수 있는 것이 아니다. 하지만 진실한 사람은 그의 진실에 대한 욕구와 희망에 의해 거짓된 사람과 구별되듯이, 의로운 사람도 그의 정의에 대한 욕구와 희망에 의해 불의한 사람과 구별된다. 그리고 절대적인 정의는 얻을 수 없다고 해도, 우리의 모든 일상생활에 필요한 정도의 정의는 그것을 목표로 삼고 있는 사람이라면 누구나 얻을 수 있다.

---

30) 수요와 공급의 법칙에 따라 사는 것은 쥐나 늑대의 특권일 뿐만 아니라 물고기의 특권이기도 하다. 그러나 정의의 법칙에 따라 사는 것이 바로 인간의 특징이다. [인용문은 『하박국서』 제1장 제14절 참조. —옮긴이 주]

그러므로 우리 앞에 있는 주제에서, 노동의 보수에 관한 정의의 법칙은 무엇인가를 고찰해야만 한다. 이것이야말로 모든 법리(法理)의 토대에서 적지 않은 부분을 이루고 있기 때문이다.

나는 앞의 논문에서 금전적인 보수의 개념을 가장 단순하고 근본적인 용어로 정리해보았다. 그런 용어를 쓰면 그것의 본질과 거기에 관련된 정의의 조건을 가장 잘 확인할 수 있다.

거기서 말했듯이, 금전적 보수란 근본적으로 누군가가 오늘 우리를 위해서 쓰는 시간과 노동에 대해 다음에 그가 요구할 때는 언제라도 그것과 동등한 시간과 노동을 그에게 제공하거나 알선해주겠다는 약속이다.[31]

그가 우리에게 제공한 노동보다 적은 노동을 주기로 했다면, 우리는 그에게 보수를 덜 준 것이다. 그가 우리에게 제공한 노동보다 많은 노동을 주기로 약속했다면, 그에게 보수를 더 준 것이다. 실제

---

31) 처음에는 노동의 시장가격이 그와 같은 교환을 나타내는 것처럼 보일지도 모른다. 그러나 시장가격은 요구된 노동의 당시 가격이더라도, 저당한 가격은 인류의 생산적 노동과 동등한 가치를 갖기 때문에 그것은 오류이다. 이 차이에 대해서는 나중에 분석해볼 것이다. 또한 여기서는 상품의 교환가치가 아니라 노동의 교환가치에 대해서만 논하고 있다는 것을 유의해야 한다. 상품의 교환가치는 그 상품을 생산하는 데 필요한 노동의 교환가치와 그 상품에 대한 수요력을 곱한 것이다. 노동의 교환가치를 x라 하고 수요력을 y라 한다면 상품의 교환가치는 xy가 된다. 따라서 이 공식에서 $x=0$이거나 $y=0$이면 xy는 0이 된다.

상황에서는 수요 공급의 법칙이 적용되어, 두 사람이 일하고자 하는데, 그 일을 시키고자 하는 사람이 하나뿐일 경우, 두 사람은 서로 더 싼 보수에 노동을 제공하겠다고 나선다. 그 일을 하게 된 사람은 보수를 덜 받게 된다. 반대로 일을 시키고 싶어하는 사람은 둘인데 그 일을 하려는 사람이 하나뿐일 경우에는, 일을 시키고자 하는 두 사람이 서로 더 많은 보수를 주겠다고 경쟁한다. 그러면 노동자는 보수를 더 받게 된다.

나는 여기서 이 두 개의 부정한 점을 차례차례 고찰할 것이다. 하지만 먼저 독자들이 덜 준 보수와 더 준 보수의 중간에 존재하는 적절하고 정당한 보수의 핵심 원칙을 분명히 이해해주기 바란다.

우리가 누군가에게 어떤 도움을 청할 경우, 그 사람은 무보수로 그것을 우리에게 제공할 수도 있고, 보수를 요구할 수도 있을 것이다. 무료 봉사는 지금 문제가 되지 않는다. 그것은 애정의 문제이지 거래가 아니기 때문이다. 하지만 그가 봉사에 대한 보수를 요구하고 또 우리도 그를 아주 공정하게 대하고 싶다면, 그가 제공한 시간에 대해서는 시간을, 힘에 대해서는 힘을, 숙련에 대해서는 숙련을 그대로 돌려주어야만 공평하다고 할 수 있다. 어떤 사람이 우리를 위해 한 시간을 일했는데 우리는 그에게 반시간만 일해 주겠다고 약속하면, 우리는 부당한 이득을 얻게 된다. 반대로 우리가 한 시간 반을 일해 주겠다고 약속하면, 그 사람이 부당한 이득을 얻게 된다.

정의는 절대적인 교환에서 존재한다. 그러므로 양쪽의 상황을 얼마간 고려하더라도 그것은 고용주에게 유리하지 않을 것이다. 어떤 사람이 오늘 나한테 빵 1파운드를 주었는데, 그 사람이 가난하다는 이유로 내가 내일 그 사람에게 1파운드가 안 되게 빵을 돌려주는 것은 분명 공평한 처사가 아니다. 또 어떤 사람이 나를 위해 얼마간의 숙련과 지식을 사용하고 있는데, 그 사람이 교육을 받지 못했다는 이유로 내가 그를 위해 그보다 적은 양의 숙련과 지식을 사용하는 것도 마찬가지다.

아마도 궁극적으로는 내가 받은 것보다 좀 더 돌려주는 것이 바람직하거나 적어도 관대해 보일 것이다. 하지만 지금 우리는 정의의 법칙에 대해서만 생각하고 있다. 그것은 완벽하고 정확한 교환의 법칙이다. 하지만 정당한 보수라는 이 근본 개념의 단순함을 방해하는 상황이 하나 있다. 노동은 (올바로 관리되면) 씨앗과 마찬가지로 결실을 맺기 때문에, 먼저 주어진, 즉 '이미 지불된' 노동을 나중에 갚을 때는 그 열매(즉 '이익')를 고려해서 더 많은 양의 노동으로 갚아서 균형을 맞춰야 한다. 이 되갚기가 연말이나 일정한 시기에 이루어진다면 이 계산은 어느 정도 정확해질 수 있다. 하지만 금전(즉 현금)으로 하는 보수는 시간을 고려하지 않기 때문에(그가 받은 현금을 당장 쓰거나 몇 년 뒤에 쓰는 것은 그 사람 마음이다.) 우리는 보수를 받기 전에 먼저 노동을 제공하는 사람에게는 약간의 이익을 주어야 공평하다고 통념적으로 생각할 수 있을 따름이다. 그래서 거래의 전형적인 형태는 다음과 같을 것이다. 오늘 당신이 나한테 한 시간을 제공해주면, 나는 당신이 요구할 때는 언제든지 한 시간 5분을 제공하겠다. 오늘 당신이 나한테 빵 1파운드를 주면, 나는 당신이 요구할 때 언제라도 빵 17온스[32]를 주겠다는 등, 통상 이런 식이다. 여기서 독자들이 주의해야 할 점은 적어도 갚는 양이 받은 양보다 적지 않아야 공평하다는 것뿐이다.

노동자와 관련하여 정당한 또는 적절한 임금의 추상적 개념은 노동자가 먼저 제공한 노동과 적어도 같은 양의 노동을, 아니 그보다 적은 양이 아니라 좀 더 많은 양의 노동을 언제든지 얻을 수 있을 만한 돈을 임금으로 정한다는 것이다. 그리고 유의해야 할 점은 이 보수의 공평 또는 정의는 그 일을 하려는 사람의 수와는 전혀

---

32) 당시 1파운드(pound)는 16 온스(ounces)였다. —옮긴이 주.

무관하다는 것이다. 예를 들면 내 말의 편자가 필요하다고 치자. 20명 또는 2천 명의 대장장이가 편자를 만들려고 할 것이다. 하지만 대장장이의 수는 그것을 실제로 만드는 한 사람의 대장장이에게 주는 공평한 보수의 문제에는 티끌만치도 영향을 미치지 않는다. 그 대장장이는 나에게 편자를 만들어주기 위해 일생에서 15분 정도의 시간, 그리고 어느 정도의 숙련과 근력을 소비했다. 그렇다면 나는 미래에 그 대장장이가 필요로 하는 물건을 만들거나 필요로 하는 일을 하도록 내(또는 내 마음대로 부릴 수 있는 다른 사람) 일생 중에서 15분에 몇 분을 더, 그리고 그가 나를 위해 소비한 것과 같은 정도의 근력과 숙련에 조금을 더해 그에게 제공할 의무가 있다.

이것이 정당하고 유익한 보수의 추상적인 이론이다. 하지만 노동은 특수한 것이고, 그 보수로 지불되는 노동 명령(현금)은 일반적인 것이라는 사실 때문에 그것의 적용이 실질적으로는 수정되기 마련이다. 경화(硬貨)나 지폐 같은 통화는 실제로는 국민들에게 어떤 종류의 노동을 그 만큼 하라는 명령이나 다름없다. 이 노동 명령은 당면한 필요에 보편적으로 적용되기 때문에 특수한 노동보다는 통화가 훨씬 더 값비싸지고, 따라서 이 일반적인 노동 명령은 항상 비교적 소량이라도 많은 양의 특수한 노동과 동등한 가치가 있는 것으로 받아들여질 것이다. 그래서 어떤 기능공이라도 30분이나 그보다 훨씬 짧은 국민 노동에 대한 명령권을 얻기 위해 한 시간의 노동을 기꺼이 제공할 것이다. 이렇게 불확실한 자료는 기술의 금전적 가치[33]를 정하기 어렵게 할 뿐만 아니라 어떤 일정한 노동에 대한 적절한 임금이 얼마인지 (대략이라도) 조사하는 것을 상당히 어렵게 만들고 있다.

하지만 이런 어려움은 교환 원칙 그 자체에 영향을 미치지 못한

---

33) '기술'(skill)이라는 말에는 육체노동에 작용하는 경험과 지력과 열정의 통합된 힘이 포함되어 있고, 이 '열정'(passion)이라는 말에는 정신적 감정의 모든 범위와 작용이 포함되어 있음을 뜻한다. 아래로는 꾸준하고 섬세한 손놀림을 유지할 수 있게 해주거나 남보다 두 배나 길게 지치지 않고 상당한 효과를 낼 수 있도록 일할 수 있게 해줄 단순한 인내력과 온순한 마음씨, 그리고 위로는 학문을 가능하게 해주는 자질-(질투심 때문에 학문의 발전이 지지부진해지는 것은 금세기에서 가장 막대한 손실의 하나이다.)-그리고 남에게 전달할 수 없지만 모든 예술적 가치를 낳는 최고의 훌륭한 원천인 감정과 상상력까지 그 범위에 포함된다.
여기서 정신적 요소는 고사하고 적어도 감정적 요소는 모든 경제공식의 계산에서 빠뜨릴 수 없는 함수 값이라는 사실을 경제학자가 아직도 깨닫지 못하는 것은 참으로 이상한 일이다. 예를 들면 존 스튜어트 밀 씨는 "순수하게 생산적·물질적 관점에서조차도 단순한 생각의 중요함은 끝이 없다."라고 할 정도로 진정한 실마리를 추적했으면서도 '그리고 단순한 감정'이라는 말을 덧붙이는 것이 논리적으로 필요하다는 것을 알지 못했는지 도무지 나는 이해할 수가 없다. 더구나 노동에 대한 최초의 정의에서 그가 "자기 생각을 특정한 일에 사용하는 것과 관련된 모든 종류의 불쾌한 감정"을 노동의 개념 속에 포함시켰기 때문에 더욱 그렇다. 그의 말은 사실이지만, '유쾌한 감정'을 포함시키지 않은 까닭은 무엇일까. 노동을 방해하는 감정이 노동을 촉진하는 감정보다 더 본질적으로 노동의 일부라고 보기는 힘들다. 전자는 고통으로 보수를 받지만, 후자는 활력으로 보수를 받는다. 노동자는 전자에 대해서는 단순히 배상을 받을 뿐이지만, 후자는 노동의 교환가치의 일부를 생산하며, 가치의 실제 분량도 눈에 띠게 증대시킨다.
"프리츠 [프로이센의 계몽군주 프리드리히 2세를 말한다. ─옮긴이 주.]가 우리와 함께 있다. 그는 혼자서 5만 명의 가치가 있다." 사실 프리츠는 물질적 힘을 크게 증대시킨다. 하지만 그 힘이 프리츠의 머릿속에서 이루어지고 있는 작용보다 휘하 군대의 '가슴' 속에서 이루어지고 있는 작용에 있다는 사실을 유의해야 한다. "단순한 생각의 중요성은 끝이 없다." 아마 사실일지도 모른다. 아니, 언젠가는 이 '단순한' 생각 그 자체가 생산을 독려해야 할 목표이기 때문에 모든 물질적 생산은 보다 귀중한 비물질적 생산으로 가는 한 단계일 뿐이라는 사실이 밝혀질 것이다.

다. 물론 그 일의 가치는 쉽게 알 수 없을지도 모른다. 하지만 어떤 물질이 다른 많은 물질과 결합해 있을 때는 그 물질의 일정한 비중을 쉽사리 확인할 수 없지만, 그 물질에 일정한 비중을 차지하고 있는 것만은 확실한 것처럼 그것은 가치가 있다. 또한 그 가치를 결정하는 것도 통속적인 경제학이 보통 최고액과 최저액을 결정하는 것처럼 난해하거나 불가능하지는 않다. 어떤 물건을 매매할 때, 판매자가 그 이하로는 팔지 않을 최저가를 구매자가 정확하게 알 수 있는 경우는 거의 없고, 그 이상으로 가격을 올리면 구매자가 물건을 사지 않았을 거라고 판매자가 편하게 믿을 수 있는 경우도 마찬가지다. 이렇게 가격의 최고치와 최저치를 정확히 알기가 불가능한데도 우리는 남에게 최대한의 고통과 손해를 주는 한계점에 도달하려 애쓰고, 정확한 최고가와 최저가를 알 수 없지만 되도록 가장 싼 값에 사서 가장 비싼 값에 팔라는 말을 과학적 원칙으로 받아들인다.

이와 마찬가지로 공정한 사람은 정당한 가격을 치르는 것을 하나의 과학적 원칙으로 규정하고, 그러한 가격의 한계를 명확하게 정할 수 없음에도 불구하고 그것에 가장 가까운 근사치를 얻으려고 애쓸 것이다. 그리고 실제로 도움이 되는 근사치를 얻을 수 있다. 그의 노동에 대해 보수를 얼마나 받아야만 하는지를 과학적으로 정하는 것은 그의 필요 때문에 얼마나 받아야만 하는지를 정하는 것보다는 훨씬 쉽다. 그의 필요는 경험적 조사를 통해서만 확인할 수 있지만, 그에게 마땅한 보수는 분석적 연구를 통해서 가능하기 때문이다. 즉 앞의 경우에서는 산수에 서투른 학생처럼 정답을 찾을 때까지 이런저런 숫자를 끼워 맞추지만, 뒤의 경우에는 계산 순서에 따라 일정한 범위 안에서 결과를 도출할 수 있기 때문이다.

그러면 이제 어떤 주어진 노동량에 대한 정당한 임금이 확정되었다 치고, 이 노동의 구매자나 고용주에게 유리한 경우, 즉 두 사람이 일을 하고자 하는데 그 일을 시키고자 하는 사람은 하나뿐인 경우 정당한 보수와 부당한 보수의 첫 번째 결과를 검토해보도록 하자.

부당한 구매자가 두 사람을 경쟁시켜 그들의 요구를 최저한도까지 낮춰버린다고 하자. 그리고 최저가를 부른 사람이 정당한 가격의 절반에 그 일을 하겠다고 나선 것으로 가정해보자. 구매자는 그를 고용하고 다른 사람은 고용하지 않는다. 그러므로 최초의 또는 '표면상의' 결과는 두 사람 중 한 명은 일자리를 얻지 못하거나 굶주리게 되는데, 이는 최고의 노동자에게 상당한 대가를 지불하는 정당한 방식의 결과와 똑같다. 내 첫 번째 논문에서 주장한 견해를 반박하려고 애쓴 온갖 논객들은 이를 전혀 깨닫지 못하고, 부당한 고용주는 양쪽 다 고용할 거라고 여겼다. 하지만 부당한 고용주도 두 사람 모두 고용하지 않는 점에서는 정당한 고용주와 하나도 다를 게 없다. 유일한 (애초의) 차이점은 고용된 한 사람의 노동에 대해 정당한 고용주는 충분한 보수를 주고 부당한 고용주는 불충분한 보수를 준다는 것뿐이다.

나는 '애초의'라고 말했는데, 이 최초의 또는 표면상의 차이점은 실제의 차이가 아니기 때문이다. 부당한 방법을 쓰면 그 일에 대한 적정한 대가의 절반은 고용주 손에 남는다. 이렇게 해서 고용주는 똑같이 부당한 임금률로 다른 사람을 고용한 다음 어떤 다른 종류의 일을 시킬 수 있다. 따라서 고용주는 자기를 위해 두 사람에게 절반 값으로 일을 시키고, 두 사람은 일자리를 얻지 못하는 궁극적인 결과를 낳는다. 정당한 방법을 쓰면, 최초의 일의 대가는 전부 그 일을 하는 사람의 손으로 들어간다. 고용주의 손에는 여분의 돈이 남지 않기 때문에 그는 다른 사람을 고용해서 다른 일을 시킬 수 없게 된다. 하지만 그의 지배력이 줄어든 만큼 정확히 고용된 노동자의 지배력은 늘어난다. 즉 그가 받은 대가 속에 추가된 절반만큼 늘어난다. 그 늘어난 반액을 이용해서 그는 '자신'의 일을 위해 다른 사람을 고용할 수 있는 여력이 생긴다. 나는 지금 충분히 가능한 경우지만 가장 바람직하지 않은 경우를 가정해볼 것이다. 즉 그 노동자가 자신은 고용주로부터 정당한 대우를 받았으면서 자기의 고용인에게는 부당한 대우를 해서 절반 값으로 고용한다고 치자. 그러면 궁극적으로 한 노동자는 고용주를 위해서 정당한 대가로 일하지만, 또 한 사람은 그 노동자를 위해서 절반 값으로 일한다. 그리고 첫 번째 경우처럼, 이 두 사람은 여전히 일자리를 얻지 못한다. 앞에서도 말했듯이, 이 두 사람은 양쪽의 경우에서 고용되지 못한다.

따라서 정당한 방법과 부당한 방법의 차이는 고용되는 사람의 수가 아니라 그들에게 지불되는 대가와 그것을 지불하는 사람에게 있다. 독자들이 명백히 이해해주길 바라는 본질적인 차이는 바로 다음과 같다. 부당한 경우에는 두 사람이 최초의 고용주를 위해서 일한다. 정당한 경우에는 한 사람이 최초의 고용주를 위해 일하고, 또 한 사람은 최초에 고용되었던 노동자를 위해 일한다. 이렇게 다양한 노동 단계를 오르내리면서 그 과정이 되풀이되고, 그 작용은 정의에 의해 촉진되기도 하지만 불의에 의해 지체되기도 한다. 따라서 이 문제에서 정의의 보편적이고 변함없는 작용은 한 개인의 손에 있는 부의 다수에 대한 지배력을 줄이고, 사람들의 연쇄를 통해 그 지배력을 분배하는 것이다. 부가 발휘하는 실질적인 지배력은 어느 경우에나 동일하다. 하지만 부당한 방법에 의하면, 그것이 모두 한 사람의 수중에 있기 때문에, 그는 주위의 많은 사람들의 노동을 한꺼번에 그리고 동등한 힘으로 지배하게 된다. 하지만 정당한 방법에 의하면, 그는 가장 가까이 있는 사람들만 접촉할 수 있고, 그들을 통해 지배력은 점차 줄어들기도 하고, 새로운 마음을 가진 사람들에 의해 완화되기도 하며, 부의 힘이 다시 다른 사람들 손에 넘어가 마침내는 그 자체가 완전히 고갈되어 버린다.

그러므로 이 점에서 정의의 직접적인 작용은, 첫 번째는 사치품의 획득에서, 두 번째는 도덕적 영향력의 행사에서 부의 지배력을 축소시켜나가는 것이다. 고용주가 정당하면 그토록 많은 사람의 노동을 자신의 이익으로만 집중시킬 수도 없고, 그렇게 많은 사람의 마음을 자신의 의지에 복종시킬 수도 없다. 하지만 정의의 부차적 작용도 그에 못지않게 중요하다. 한 사람을 위해서 일하는 많은 사람들이 보수를 충분히 못 받으면, 그들은 각자 지금의 위치보다 높이 올라가기가 무척 어려워진다. 이런 제도는 입신양명을 가로막는 경향이 있다. 하지만 직급에 따라 또는 노동 단계에 따라 분배되는 충분하고 정당한 보수는[34] 하급 노동자들도 마음만 먹으면 사회적 지위를 높일 수 있는 공정하고도 충분한 수단을 부여해준다. 그래서 정의의 작용은 부의 직접적인 힘을 약화시켜주고, 가난에서 오는 최악의 무력감도 해소시켜준다.

노동자의 운명 전체는 결국 이 중대한 문제에 달려 있다. 수많은 사소한 이해관계들이 때로는 그것과 충돌하는 것처럼 보일지 모르지만, 그것들 모두가 바로 여기서 파생되었다. 예를 들면 하층계급 사람들은 명목상, 그리고 보이는 그대로라면 사실상 자기들 임금에서(내 생각에 35퍼센트 내지 40퍼센트의) 세금이 빠져나가는 것을 알았을 때 마음속으로 동요를 일으키는 경우가 자주 있다. 이 세금은 너무 심한 것 같지만, 그것은 사실 노동자가 아니라 고용주가 낸다. 노동자가 세금을 내지 않아도 된다면, 그의 임금은 바로 그 세금만큼 줄어들 것이다. 노동자들 사이의 경쟁은 여전히 생계를 유지할

---

34) 어떤 논객은 내가 제1편 논문에서 예로 든 규제된 노동에 관한 실례의 의미를 애매하게 만들려고 노동의 품질을 노동의 종류와 등급과 양과 혼동했다. 시간을 낭비하는 것은 유감이지만, 여러 가지 의미를 지닌 그런 주장에 간단히 답변하겠다. 나는 대령도 병사들과 봉급이 같아야 한다고는 말하지 않았으며, 성공회 주교라도 부목사와 같은 봉급을 받아야 한다고는 말하지 않았다. 또한 나는 일을 많이 하는 사람이 일을 적게 하는 사람과 같은 보수를 받아야 한다(따라서 교구민이 2천 명인 교구의 부목사가 5백 명인 교구의 부목사와 같은 보수를 받아야 한다.)고도 말하지 않았다. 다만 사람을 일단 고용했으면, 비록 서툴러도 일을 잘하는 사람보다 보수를 적게 주면 안 된다고 말했을 뿐이다. 그것은 서툰 성직자도 십일조를 받고, 서투른 의사도 진료비를 받고, 서투른 변호사도 수임료를 받는 것과 매한가지다. 이것은 결론에서 좀 더 자세히 논하겠지만, 내가 이미 말했고 지금도 말하는 이유 중 하나는 지금까지 가장 잘된 일이 돈으로 이루어진 적이 전혀 없었고 앞으로도 죽 그럴 것이기 때문이다. 하지만 무엇보다도 사람들은 남을 고용할 때 그가 일을 잘하든 못하든 똑같이 보수를 주어야 한다는 것을 알면 일을 잘하는 사람과 못하는 사람을 가리려고 노력할 것이고, 서투른 사람은 쓰지 않을 것이기 때문이다. 『스코츠먼』[The Scotsman: 영국 스코틀랜드의 에든버러에서 발간되는 신문. 1817년 주간지로 창간된 뒤 1850년 이후부터 일간지로 바뀌었다. ─옮긴이 주.]의 한 똑똑한 논객은 나에게 이렇게 물었다. "당신은 〈스미스 앤 엘더 출판사〉(Messrs Smith, Elder and Co.)가 일류 저자와 삼류 작가한테 동등한 보수를 지급하기를 바라는가?" 나는 그 출판사가 삼류 작가를 고용한다면 그런 대우를 해주기 바란다. 하지만 출판사와 그 삼류 작가를 위해서도 그를 고용하지 않기를 바란다. 지금 국가가 삼류 문학에 투입하고 있는 막대한 돈은 결과적으로 볼 때 경제적인 낭비이다. 이 질문을 제기한 똑똑한 분조차도 그런 글을 기고하기보다는 다른 일에 종사하는 편이 더 유익했을지도 모른다.

수 있을 정도의 최저한도까지 임금을 끌어내릴 것이다. 마찬가지로 하층계급 사람들은 빵 값이 떨어지면 생활이 좀 펴질 거라 여겨 곡물법the corn laws[35] 반대운동을 벌였다.[36] 그들은 빵 값이 항구적으로 떨어지면 임금도 정확히 그에 비례하여 항구적으로 떨어진다

---

35) 소위 나폴레옹 전쟁이 끝나면서 곡물수요가 줄어들어 가격이 계속 떨어지자 지주 귀족 계층이 다수였던 영국 의회는 1815년 '곡물법'을 제정했다. 하지만 노동자들을 중심으로 하는 도시민들은 작황과 관계없이 비싼 빵을 사먹어야 했기 때문에 격렬한 반대운동이 벌어졌다. 노동자들의 최저 생계비 중에서도 가장 중요한 요소였던 식비가 곡물법으로 인해 좀처럼 떨어지지 않자 1839년 맨체스터에서 결성된 자본가 중심(노동자가 살아야 하니까)의 〈반—곡물법 단체〉가 결성되었고, 이 단체를 선두로 몇몇 정치인들의 지원에 힘입어 마침내 곡물법은 1846년 폐지되었다. —옮긴이 주.

36) 나는 페이즐리[Paisley; 영국 스코틀랜드 서부의 작은 도시—옮긴이 주.]에서 보내온 자유무역의 문제에 관한 흥미로운 편지에 감사해야만 한다('어떤 지지자'가 보낸 짧은 편지에 대해서는 더욱 감사해야 한다.). 하지만 내가 전혀 두려움도 없고 파렴치한 자유무역론자이며, 또 지금까지 그래왔다는 말을 듣고 그 스코틀랜드 작가가 놀라서 불쾌감을 느끼지 않을까 걱정된다. 7년 전에 나는 유럽인의 마음속에 있는 유치함의 온갖 조짐들을 나열하면서 (『베네치아의 돌』 제3권 168쪽) 이렇게 썼다. : "영국 의회가 자유무역 정책을 상업의 기본원리로 채택하여 승인한 것은 겨우 몇 달 전의 일이다. 그런데 일반 대중은 아직도 그것을 거의 이해하지 못하고 있기 때문에 어떤 나라도 감히 세관을 철폐할 수 없다."

여러분은 내가 상호주의조차도 받아들이지 않는다는 것을 알 수 있을 것이다. 다른 나라들이 항구를 개방하고 싶지 않으면 그냥 내버려두자. 현명한 자라면 자기네 항구를 개방할 것이다. 개항 자체가 아니라, 그 방식이 갑작스럽고 경솔하며 서툴게 실험적인 방식이 해로운 것이다. 여러분이 어떤 공장을 오랫동안 보호해 왔다면, 갑자기 보호를 철회하여 직공들을 한꺼번에 실업자로 내몰면 안 된다. 연약한 아기에게 옷을 겹겹이 입혀두는 것은 근본적으로 건강을 해칠지 모르지만, 그렇다고 추운 날씨에 그 옷들을 한꺼번에 벗기면 안 되는 것과 마찬가지다. 조금씩 옷을 벗겨 아기가 자유라는 바깥 공기에 다시 익숙해지도록 해야 한다.

사람들은 대부분 속으로 자유무역이 경쟁을 확대시킬 거라고 생각하기 때문에 기묘한 혼란에 빠진다. 하지만 자유무역은 그와 반대로 모든 경쟁을 종식시킨다. '보호무역'은 (온갖 유해한 작용들 중에서도 특히) 어떤 물품을 생산하는 데 불리한 조건에 있는 나라를 다른 나라와 치열하게 경쟁하도록 만든다. 무역이 완전히 자유로울 경우에는 천혜의 생산 조건을 가진 상품을 놓고 다른 나라와 경쟁하는 나라는 없으며, 그렇지 못한 상품에 대해서는 결코 다른 나라와 경쟁할 수가 없다. 예를 들면 이탈리아 토스카나는 강철 생산에서 영국과 경쟁할 수 없고, 영국은 올리브유 생산에서 토스카나와 경쟁할 수 없다. 따라서 두 나라는 강철과 올리브유를 교환해야만 한다. 그리고 이 교환은 정직과 해풍이 도와주는 한 솔직하고 자유로워야 한다. 물론 양쪽 모두가 제조할 수 있는 물품에서는 누가 더 우월한지를 증명하기 위해 처음에는 피 튀기는 경쟁이 벌어지겠지만, 이 점이 일단 확인되면 경쟁은 막을 내린다.

는 사실을 결코 알지 못했던 것이다. 곡물법이 폐지된 것은 당연한 일이었다.

하지만 그것은 곡물법이 빈민을 직접 압박했기 때문이 아니라, 그들의 노동 대부분이 비생산적으로 소비되도록 만들어 빈민을 간접적으로 압박했기 때문이다. 마찬가지로 불필요한 과세는 자본을 파괴하여 빈민을 압박하지만, 빈민의 운명은 우선적으로 항상 임금의 정당성이라는 한 가지 문제에 달려 있다. 그들의 곤궁은 (게으름이나 사소한 잘못이나 범죄 때문에 생기는 불행은 별도로 하고) 경쟁과 억압이라는 두 개의 서로 반발하는 힘들에서 대규모로 발생한다. 세계적인 인구 과잉은 아직 존재하지 않고 앞으로도 몇 년 동안은 없을 것이다. 그러나 지역적인 인구 과잉, 좀 더 명확히 말하자면 지금의 상황 하에서는 예측력과 충분한 장비가 부족하기 때문에 특정 지역에서 수습 불가능한 인구 과잉은 경쟁의 압박에 의해서 필연적으로 나타난다. 노동 구매자가 이 경쟁을 이용해 노동자들의 노동을 부당하게 싼 가격으로 사려고 한다면, 노동자의 고통은 물론 구매자의 고통도 단번에 정점에 이른다.

이런 경우에는 (다른 모든 종류의 노예제도의 경우도 그렇다고 믿지만) 억압하는 자가 결국 억압당하는 자보다 더 심한 고통을 겪기 때

영국의 시인인 알렉산더 포프(Alexander Pope; 1788-1844)와 아래의 시가 실려 있는 『도덕론』 (Moral Essays; 1731-35). 12살에 척추결핵에 걸려 불구의 몸이 된 그는 이 시에서 자본주의 정책의 문제점을 비판하고 야당인 토리당의 입장에서 당시 자본가의 편을 든 휘그당 정부의 타락상을 공격 하기도 했다.

문에, 알렉산더 포프의 장엄한 시구의 모든 위력으로도 그 진상을 밝히기에 부족하다.

이 불쌍한 돈의 노예들을 공정하게 말하면,
'그들도 이웃을 자기처럼 미워할 뿐이다'
저주받은 광산에도 똑같은 운명이 생겨난다.
광산을 파는 노예에게도, 덮어버리는 노예에게도.

이 문제에서 정의의 이차적이고 복귀적인 작용은 나중에 검토하겠다(그러기 위해서는 먼저 가치의 본질을 규정할 필요가 있다.). 그런 다음 실제로 어떤 상황에서 보다 정당한 제도가 확립될 수 있는지 고찰하고, 궁극적으로는 일자리 없는 노동자들[37]의 운명이라는 골치 아픈 문제를 검토하려고 한다. 하지만 우리가 연구하고 있는 쟁점들 몇 가지가 부의 지배력에 맞서는 성향을 보인다는 점에서 사회주의의 쟁점과 무언가 공통점이 있다고 생각한 독자들의 우려를 씻어주기 위해, 내가 생각하고 있는 주안점 한두 가지를 명확한 용어로 밝혀두고자 한다.

오늘날 사회주의란 것이 (내 원칙에 따라 보수가 지급되는) 육해군

---

37) 이 문제 해결의 준비 단계로, 과연 일을 얻기가 어려운 것인지 아니면 일의 보수를 받기가 어려운 것인지를 먼저 독자 여러분이 분명히 해주었으면 좋겠다. 독자는 직업 자체가 이 세상에 조금밖에 없어서 얻기 힘든 일종의 값비싼 사치품이라고 여기는가? 아니면 가장 강건한 쾌락을 누리고 있을 때조차 인간은 생계수단이 필요하고, 이 생계수단은 늘 쉽게 얻을 수 있는 것이 아니라고 생각하는가? 사람들은 대부분 '구직'의 고충을 이야기하려는 버릇이 있으니까, 논의를 더 진척시키기 전에 이 점부터 분명히 해두어야 한다. 우리가 구하려는 것은 일자리인가, 아니면 고용기간동안 나오는 생활비인가? 우리가 끝내고자 하는 것은 나태함인가, 아니면 굶주림인가? 우리는 이 두 가지 문제를 한꺼번에 다루지 말고 차례로 다루어야 한다. 일자리가 일종의 사치품이고, 아주 엄청난 사치품인 것은 의심할 여지가 없다. 사실 일자리는 사치품인 동시에 필수품이기도 하다. 일이 없는 사람은 정신과 육체의 건강을 유지할 수 없다. 나중에 알겠지만, 나는 인정 많고 실제적인 사람들한테 이 사치품을 현재 갖고 있는 것보다 더 많이 추구하도록 부자들을 설득하는 것을 주요 목표 중 하나로 삼을 것을 권하고 싶다. 하지만 내 경험상, 인간은 가장 건전한 이 쾌락에 과잉 탐닉할 수 있고, 고기를 과식하는 것처럼 노동을 과식하기도 쉬운 것 같다. 그래서 어떤 사람들에게는 좀 더 가벼운 음식과 더 많은 운동을 제공하는 것이 친절이지만, 다른 사람들에게는 더 가벼운 운동과 보다 많은 음식을 제공하는 것이 자비로울 것이다.

사이에서 더 발달했는지, 아니면 (내 반대론자들의 원칙에 따라 보수가 지급되는) 공장 직공들 사이에서 더 발달했는지를 확인하여 공표하는 것은 내 반대론자들의 몫으로 남겨두겠다. 그들의 결론이 어떻든 간에 나는 단지 다음과 같이 답할 필요가 있을 뿐이다. 내 저작물을 통틀어 내가 다른 것보다 더 자주 역설해온 점이 하나 있다면, 그것은 다름 아닌 평등의 불가능성이다. 어떤 사람들은 다른 사람들보다 항상 우월하고, 때로는 한 사람이 다른 모든 사람들보다 영원히 우월하다는 사실을 보여주는 것, 그리고 그렇게 우월한 사람들 또는 한 사람을 선임하여 그 뛰어난 지식과 그 현명한 의지에 따라서 열등한 사람들을 지도하고 이끌고 때로는 강제하고 복종시키는 것이 타당하다는 사실을 입증하는 것이 나의 끊임없는 목표였다. 나의 경제학의 원칙은 3년 전에 맨체스터에서 말한 "칼을 든 군인뿐만 아니라 호미를 든 군인도 있어야 한다."는 구절 속에 모두 담겨있다. 그리고 그 원칙은 『근대화가론』Modern Painters의 마지막 권에 나오는 한 문장—"정부와 협력은 모든 사물에서 '생명의 법칙'이고, 무정부와 경쟁은 '죽음의 법칙'이다."—속에 모두 함축되어 있다.

그리고 이런 일반적인 원칙들이 사유재산의 안전에 어떤 식으로 영향을 미치는지에 관하여 말하자면, 나는 그러한 안전을 무효화할 생각이 조금도 없으며, 이 논문들 전체의 취지는 궁극적으로 재산권의 범위를 확대하는 데 있다는 것을 알게 될 것이다. 그리고 빈자는 부자의 재산을 침해할 권리가 없다는 것은 오래 전부터 주지되고 공언되어 왔지만, 부자도 빈자의 재산을 침해할 권리가 없다는 사실도 그렇게 되길 바란다.

하지만 내가 지금껏 발전시키려고 애써온 제도의 작용은 '쾌락의 여왕'인 부와 '노동의 왕자'인 자본의 힘을, 눈에 보이지 않고 부차적인 것은 힘들더라도 눈에 보이는 직접적인 것은 여러 가지 방식으로 축소시킬 것이다. 그 점을 나는 부정하지 않는다. 그 반대로 나는 그 점을 흔쾌히 긍정한다. 부의 매력은 인간의 이성이 저항하기에는 이미 너무나 강하고, 부의 권위는 이미 너무나 무겁다는 것을 너무나 잘 알고 있기 때문이다. 나는 지난 번 논문에서 경제학의 통설이 역사에서 학문으로 인정받는 것처럼 인류 지성에 수치스러운 일은 없었다고 말했다. 내가 이렇게 말한 근거는 많이 있지만, 그 주된 근거 중 하나는 몇 마디로 말할 수 있다. 역사상 한 국가가 공인된 종교의 근본원리에 대해 조직적인 불복종을 확립한 전례를 나는 알지 못한다. 우리가 (말로는) 신성한 것이라고 소중히 여기는 저작들을 보면, 돈을 사랑하는 것은 모든 악의 근원이며 신이 혐오하는 우상숭배라고 비난하고 있다. 뿐만 아니라 재물을 섬기는 것과 신을 섬기는 것은 정반대이기 때문에 양립할 수 없다고 선언하고 있다. 그리고 그 책들은 절대적인 부와 절대적인 가난에 대해 말할 때마다 부유한 자는 필히 화를 입을 것이며, 가난한 자는 필히 복이 있을 거라고 말하고 있다. 그래서 우리는 당장 국가 번영의 지름길로서 부자가 되는 학문을 살펴보고자 한다.

Tai Cristian dannera l' Etiope,

Quando si partiranno i due collegi,

L'UNO IN ETERNO RICCO, E L'ALTRO INOPE.

에티오피아 인들이 심판의 날에 그리스도인들을 벌할 때

그들은 둘로 나뉘어

'하나는 영원히 부유하고, 또 하나는 영원히 가난해질 것이다.'[38]

---

38) 단테의 『신곡』, '천국편' 제19곡(Paradiso, Canto 19)에 나오는 구절. —옮긴이 주.

제 4 편

가치에 따라서

앞에서 우리는 노동의 정당한 보수가 장차 거의 똑같은 가치의 노동을 얻을 수 있을 만큼의 금액이라는 것을 알았다. 그래서 이제는 동등한 가치의 노동을 얻는 수단을 살펴볼 필요가 있다. 이 문제는 가치와 부와 가격 그리고 생산물에 대한 정의(定義)를 포함하고 있다.

이 용어들은 아직 대중들이 이해할 수 있도록 정의가 내려진 것은 아니다. 특히 마지막의 생산물이라는 단어는 이 용어들 중에서 가장 뜻이 명료하다고 여길지 모르지만, 실제로 쓰일 때는 가장 모호한 용어이다. 따라서 이 용어가 현재 얼마나 모호하게 사용되는

지를 살펴보는 것이 연구를 시작하는 가장 좋은 방법일 것이다.

　존 스튜어트 밀은 『정치경제학원리』 제1권 1편 4장인 '자본'[39]에 관한 장에서 철제업자를 자본가의 예로 들고 있다. 그는 처음에 사업 이익금의 일부로 은그릇과 보석을 사려고 했으나, 마음을 바꿔 "그 돈을 늘린 직공들의 임금으로 지급하기로" 했다. 밀이 말한 결과는 "전보다 훨씬 많은 식량이 생산적 노동자들의 소비에 충당된다."는 것이다.

　이 글을 내가 썼다면 "그럼 은세공업자는 어떻게 되느냐"고 당연히 질문하겠지만, 지금은 하지 않겠다. 은세공업자가 정말로 비생산적인 인간이라면, 우리는 그들의 소멸도 눈감아 줄 것이다. 그리고 같은 단락의 다른 대목에서 그 철제업자는 하인을 몇 명 줄이고 "그렇게 해서 절약된 식량을 생산적인 목적에 쓴다."고 말했지만, 이렇게 하인들의 식량을 줄인 것이 과연 그들에게 어떤 결과를 가져올지, 그들에게 고통이 될지 안 될지도 묻지 않겠다. 다만 나는 진지

---

39) 존 스튜어트 밀의 『경제학 원리』 제1권 제4장 제1절. 앞으로 지면을 절약하기 위해 존 스튜어트 밀의 저작은 이번 예처럼 수자로만 표기할 것이다. I. iv. I. Ed. in 2 vols. 8vo. Parker, 1848. 이 책에 인용된 판본은 1848년에 〈파커 출판사〉에서 펴낸 2권짜리 국판본이다. ―옮긴이 주.

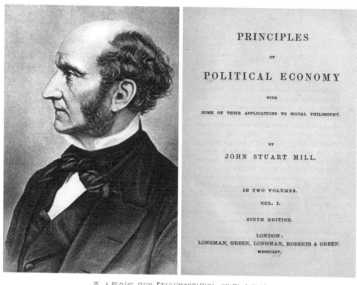

존 스튜어트 밀과 『정치경제학원리』 제1권 속표지

하게 묻고 싶다. 왜 철제는 생산물이고 은그릇은 생산물이 아닌가라고 말이다. 그 상인이 한 가지는 소비하고 다른 한 가지는 파는 것이 그 차이를 만들어내는 것은 물론 아니다. 그렇게 단정할 수 있으려면 먼저 생활용품이란 팔기 위해서 만들어지는 것이지 소비하기 위해서 만들어지는 게 아니라는 것이 입증되어야만 하기 때문이다(정말이지 날이 갈수록 이를 입증하는 것이 상인들의 목적이 되어가는 것처럼 보인다.). 물론 그 상인은 철제의 경우에는 소비자에게 물건을 전달하는 대리인이며, 은그릇의 경우에는 그 자신이 소비자이다.[40] 하지만 노동자는 어느 경우에서나 생산적이다. 철제나 은그릇이 모두 상품이라면, 그들이 생산한 상품은 같은 가치를 갖게 되기 때문이다.

그러면 그것들을 구별하는 차이는 무엇인가? 물론 밀이 경제학과는 아무런 관련도 없다고 말하는(제3편 제1장 제2절) '도덕론자의 비교 평가'에서는 철제 포크가 은제 포크보다 더 실속 있는 생산품처럼 보일 수도 있다. 나이프도 포크 못지않게 유익한 생산품이고 낫과 호미도 유용한 물품이라는 것도 인정할 수 있다. 하지만 총검은 어떤가? 철제업자가 자기 하인과 은세공업자의 식량을 '절약'한 덕분에 총검을 대량으로 만들어 팔 수 있었다고 치자. 그래도 그는 여전히 생산적인 노동자들―밀의 말에 따르면, "향락의 항구적 수단의 축적"(제1편 제3장 제4절)을 증대시키는 노동자들―을 고용하고 있는 걸까. 혹은 그가 총검 대신에 폭탄을 공급한다고 치면, 이 어마

---

40) 밀이 소비와 판매의 결과가 낳은 차이를 보여주고 싶었다면, 오히려 철제업자가 자기 상품을 파는 대신 자신이 그것을 소비하고, 은세공업자도 그렇게 하는 것으로 표현했어야만 한다. 그렇게 했다면 다소 비판을 면키 힘들겠지만 그의 입장만은 더욱 분명해졌을 것이다. 밀이 사실 이런 입장을 취하고 싶었을 것이며, 거기에는 그가 다른 곳에서 주장한 이론이자 이 논문의 결론에서 그 오류를 밝힐 이론, 즉 상품에 대한 수요는 노동에 대한 수요가 아니라는 이론이 은연중에 포함되어 있다. 나는 이 논문의 결말에서 그 이론의 오류를 지적할 작정이다. 하지만 내가 지금 검토하고 있는 단락을 아무리 열심히 살펴보아도, 그것이 다름 아닌 하나의 오류인지, 아니면 더 큰 오류 전체에 깔려있는 오류의 절반인지 분간할 수가 없다. 그래서 여기서는 관대하게 그저 하나의 오류일 뿐이라는 가정 아래 그것을 다루겠다.

어마한 생산성을 지닌 물품(폭탄 한 개의 가격이 무려 10파운드다.[41])
도 그것의 절대적이고 궁극적인 '향락'은 폭탄을 제조하는 때와 장
소를 적절히 선택하는 데 달려 있지 않을까? 다시 말하면 경제학과
는 아무런 관련도 없는 그런 철학적 고찰에 근거한 선택에 달려 있
지 않을까.[42]

나는 밀의 저술 어느 부분에서나 모순을 지적해야만 할 필요를
애석하게 생각하지 않는다. 그의 저술이 지닌 가치는 바로 그 모순
에서 비롯되었기 때문이다. 그가 많은 경제학자들 가운데서도 특
히 존경을 받는 까닭은 그가 무심코 말하고 있는 원칙을 포기하고
자신의 학문과는 아무 관련도 없다고 스스로 공언하고 있는 도덕
적 고찰을 은연중에 끌어들이고 있기 때문이다. 따라서 그의 저서
에 담긴 내용은 많은 부분이 진리이며 소중하다. 다만 그의 결론
가운데 내가 반박해야 하는 것은 오로지 그의 전제에서 나오는 결
론뿐이다.

---

41) 이 가격은 아서 헬프스[Arther Helps; 1813–75, 영국의 작가이자 평론가. —옮긴이 주.] 씨의
에세이 『전쟁론』에 나오는 것을 참고했다.

42) 우리나라 세관원들이 은괴(銀塊)는 면세로 수입해도 좋지만 두뇌는 안 된다면서 스페인제 은
꽃병들을 도끼로 부숴버렸다면, 그 도끼는 생산적이고 꽃병을 만든 장인은 비생산적인가? 나
무꾼의 도끼가 생산적이라면 사형집행인의 도끼도 그런가? 밧줄의 재료로 쓰인 삼이 생산적
이라면, 교수대 밧줄의 재료가 된 삼의 생산성은 물질적 적용보다 오히려 정신적 적용에 달
려 있지 않을까?

그리하여 우리가 방금 살펴본 구절의 뿌리에 놓여 있는 관념, 즉 사치품 생산에 쓰인 노동은 유용한 물품 생산에 쓰인 노동만큼 많은 사람의 생활을 뒷받침해주지 않을 거라는 생각은 전적으로 옳다. 하지만 여기서 들고 있는 예는 틀렸다. 사방 어느 쪽에서 보아도 완전히 잘못되었다. 밀 씨가 유용성의 진정한 의미에 대해 정의를 내리지 않았기 때문이다. 그가 내린 정의―"욕망을 만족시키거나 목적 달성에 유용한 능력"(제3권 제1장 제2절)―는 철에도 은에도 동등하게 적용된다. 반면에 밀이 내리지 않은 참된 정의―그의 마음속에서 잘못된 언어의 정의 밑에 놓여 있다가 우연히 한두 번씩 드러나는 정의(예를 들면 제1권 제3장 제5절에 나오는 "생명이나 기력을 지탱해주는 어떤 것")―는 어떤 철제품에는 적용되지만 다른 철제품에는 적용되지 않고, 어떤 은제품에는 적용되지만 다른 은제품에는 적용되지 않는다. 그것은 쟁기에는 적용되지만 총검에는 적용되지 않고, 포크에는 적용되지만 은선 세공[43]에는 적용되지 않는다.

진정한 정의를 끌어내면 우리의 첫 번째 문제에 대한 답변, 즉 "가치란 무엇인가?" 하는 답변을 얻을지라도, 먼저 거기에 관한 일반

---

43) 은선세공(銀線細工, filigree); 보통 예술성보다는 세밀함 때문에 이목을 끄는 장식품. ―옮긴이 주.

적인 속설을 들어보도록 하자.

"경제학에서 '가치'라는 말은 어떤 수식어 없이 쓰일 때는 항상 교환가치를 의미한다."(제3편 제1장 제2절) 따라서 두 척의 배가 서로 키를 교환할 수 없다면, 그 키는 경제학적 용어로는 양쪽에 무가치한 것이다.

하지만 "경제학의 주제는 부다."(서설 1쪽)

그리고 부는 "교환가치를 지닌 모든 유용하고 쾌적한 물건들로 이루어져"(서설 10쪽) 있다.

밀 씨에 따르면, 유용성과 쾌적성은 교환가치의 바탕에 깔려 있으며, 어떤 물건에 그 두 가지 성질이 존재한다는 것이 확인되어야 비로소 그 물건을 부의 대상으로 평가할 수 있다.

그런데 물건의 경제적 유용성은 물건 자체의 성질만이 아니라 그 물건을 사용할 수 있는 능력과 사용하려면 의지를 가진 사람의 수에도 달려 있는 것이다. 아무도 말을 탈 줄 모른다면 말은 쓸모가 없고 따라서 팔 수도 없다. 아무도 칼을 휘두를 수 없거나 아무도

셰익스피어의 『말괄량이 길들이기』에 나오는 술주정뱅이 크리스토퍼 슬라이

고기를 먹을 수 없다면, 칼과 고기는 쓸모가 없고 따라서 팔수도 없다. 그러므로 모든 물질의 유용성은 제각기 그것과 상대적인 인간의 능력에 달려 있다.

마찬가지로 어떤 물건의 쾌적성은 그 물건에 대한 사람들의 호감뿐만 아니라, 그것을 즐길 수 있는 사람들의 수에도 달려 있다. 『가장 싱거운 맥주 한 잔』a pot of the smallest ale과 『흐르는 개울물이 그린 미소년 아도니스』Adonis painted by a running brook 중에서 사람들이 어느 쪽을 좋아하고 따라서 어느 쪽이 더 팔기 쉬운지는 사실상 크리스토퍼 슬라이Christopher Sly로 상징되는 민중Demos 의 의견에 달려 있다. 즉 어떤 물건의 쾌적성은 그와는 상대적인 인 간의 의견에 달려 있다.[44] 따라서 경제학은 부의 학문이기 때문에 인간의 능력과 의향에 관한 학문이어야 한다. 하지만 도덕적인 고 찰은 경제학과 아무런 관련도 없고(제3편 제1장 제2절), 그러므로 도 덕적인 고찰은 인간의 능력이나 의향과는 아무런 관련도 없다.

나는 밀의 주장에서 이 결론에 전혀 동의하지 않는다. 그러면 데 이비드 리카도 씨의 주장을 살펴보기로 하자.

---

[44] 이런 주장은 표현이 간결해서 불완전하게 들릴지 모르지만, 설명을 자세히 들어보면 아주 중 요하다는 것을 알 수 있다. 위의 예에서 경제학자들은 물건의 구매 의향이 수요에서 완전히 '도덕적인' 요소라는 것을 깨닫지 못했다. 즉 어떤 사람에게 반 크라운(5실링)을 주었을 때, 그 때문에 그가 부유해질지 아니면 가난해질지, 그 돈으로 질병과 파멸과 죽음을 살 것인지 아 니면 건강과 출세와 가족애를 살 것인지는 전적으로 그의 의향에 달려 있다는 것을 경제학 자들은 깨닫지 못했다. 따라서 주어진 모든 상품의 쾌적성이나 교환가치는 그 상품의 생산뿐 만 아니라 그 상품 구매자의 생산에도 달려 있다. 따라서 그것은 구매자의 교육에 달려 있고, 어떤 것을 살 것인가 하는 구매자의 의향을 형성하는 모든 도덕적 요소에도 달려 있다. 나는 이 모든 정의를 차례로 명료하게 설명한 다음 결론을 내리고 하지만, 지금은 아주 간단히 제 시할 수밖에 없다. 독자들에게 서로 연결된 형태로 동시에 제시하기 위해서 나는 가치론(즉 '아드 발로렘'), 가격론(즉 '은 서른 개'), 생산론(즉 '데메테르'), 경제론(즉 '집의 법')이라는 4개 의 장(章)의 처음에 두어야 할 정의들을 하나의 장 속에 집어넣었기 때문이다. ['아드 발로렘 (Ad Valorem)' : '가치에 따라서'라는 뜻의 라틴어. '은 서른 개'(Thirty Pieces) : 구약 「스가랴 서」 제11장 12절에 나오는 구절. '데메테르'(Deneter) : 그리스 신화에 나오는 농업과 생산의 여신. '집을 다스리는 법(The Law of the House)' : Oikos(집) + Nomos(법) = Oikonimia는 '경 제'를 뜻하는 영어 'economy'의 그리스어 어원. —옮긴이 주.]

"유용성은 교환가치에 절대적으로 필요한 것이지만 교환가치를 재는 잣대는 아니다."(제1장 제1절) 그렇다면 그것은 어느 정도까지 필요합니까, 리카도 씨? 유용성의 정도는 클 수도 있고 적을 수도 있다. 예를 들어보자. 누구나 먹기 딱 맞는 품질 좋은 고기도 있고, 아무도 먹지 못할 만큼 나쁜 고기도 있다. 교환가치에 '필요'는 하지만 그것을 가늠하는 잣대는 아니라는 유용성은 정확히 어느 정도의 것을 말하는가? 고기가 어떤 교환가치를 갖기 위해서는 얼마나 품질이 좋아야 하는가? 얼마나 나빠야 교환가치를 갖지 못하는가? (런던 시장에서는 이 문제가 해결되었기를 바란다.)

리카도 씨의 원칙이 작용하는 데에도 약간의 장애가 있는 것 같다는 생각이 든다. 하지만 그가 예로 든 것부터 먼저 살펴보도록 하자. "사회의 초기 단계에는 사냥꾼의 활과 화살이 어부의 도구와 동등한 가치를 지녔다고 치자. 이런 상황에서 사냥꾼의 하루 노동의 산물인 사슴의 가치는 어부의 하루 노동의 산물인 물고기의 가치와 정확히 같을 것이다. 즉 어획물과 수렵물의 상대적 가치는 전적으로 각각의 경우에 실제로 나타난 노동의 양에 의해 규정될 것이다."(리카도, 제3장 '가치론')

그렇다! 따라서 어부가 청어 한 마리를 잡고 사냥꾼이 사슴 한 마리를 잡았지만, 청어 한 마리와 사슴 한 마리의 가치는 같을 것이다. 하지만 어부는 청어를 한 마리도 잡지 못하고 사냥꾼은 사슴 두 마리를 잡았다면, 청어 0마리의 가치가 사슴 두 마리와 같은가?

그러나 리카도의 지지자들은 이렇게 말할 것이다. 아니, 그렇지 않다. 리카도 씨는 '평균으로' 라는 뜻으로 말한 것이다, 어부와 사냥꾼이 하루 노동으로 얻는 평균 산물이 물고기 한 마리와 사슴 한 마리라면, 그 물고기 한 마리와 사슴 한 마리의 가치는 항상 동일하다는 것이다.

그렇다면 잡은 물고기의 종류를 감히 물어봐도 될까? 고래인가? 아니면 뱅어인가?[45]

이런 오류를 계속 추적하는 것은 시간 낭비일 뿐이다. 그러므로 우리는 참된 정의를 찾아볼 것이다.

우리 영국은 수세기 동안 고전 교육의 효용성을 매우 중요시해왔다. 우리 영국의 교양 있는 상인들이 배운 많은 라틴어들 가운데 이것만은 언제나 마음속에 기억해주었으면 한다. 즉 (그들에게 이미 아주 친숙해진) '발로렘valrorem'의 주격은 '발로르valor' 이며, 따라서 이 말도 그들은 잘 알고 있을 것이다. 발로르는 '건강해지다' 또는 '강해지다'라는 동사 '발레레valere'에서 나온 말인데, 건강한 것 또는 강한 것 — (만약 인간이라면) 생명 안에서 강한 것, 즉 용기 있는 것, (만약 사물이라면) 생명을 지탱하기 위해 강한 것, 즉 가치 있는 것이다. 따라서 '가치 있는' 것은 '생명에 유익한' 것이다. 진실로 가치

---

45) 아마도 리카도 씨를 더욱 옹호하여 이렇게 말할 수 있을지도 모른다. 즉 "유용성이 일정불변인 경우, 가격은 노동의 양에 따라 달라진다."는 것이 그의 진의(眞意)였다고 말이다. 그렇다면 그는 애초에 그렇게 말했어야 할 것이다. 그런데 이것이 그의 진의였다면, 그는 그 필연적인 결과로서 유용성이 가격의 한 잣대가 된다는 것을 지나치기 어려웠을 것이다(리카도는 이 점을 명백히 부정하고 있다.). 또한 물건이 팔린다는 것을 입증하기 위해서는 일정량의 노동뿐만 아니라 일정량의 효용까지도 입증해야만 한다는 것, 리카도 자신의 예에 따르면, 사슴과 물고기는 같은 수의 사람을 같은 기간 동안 같은 정도의 미각으로 먹일 수 있다는 것을 입증해야 한다는 것도 지나칠 수는 없었을 것이다. 사실 리카도는 자신도 자신의 말뜻을 알지 못했다. 수요가 불변일 때는 생산에 투입된 노동량에 따라 가격이 달라진다는 것은 그가 상업상의 경험에서 얻은 일반적 개념이다. 하지만 리카도는 그것을 분석할 능력이 없었다. 내가 이전 논문에서 제시한 공식을 써보면, y가 불변일 때 xy는 x에 따라 달라진다. 하지만 x가 분명히 변화한다면, 수요는 궁극적으로 결코 불변이 아니며, 불변일 수도 없다. 가격이 올라가면 소비가 줄어들기 때문이다. 그리고 독점이 나타나자마자(품귀는 모두 독점의 한 형태이기 때문에, 모든 상품들은 가끔씩 몇 가지 독점에 영향을 받는다.) y는 가격에 가장 큰 영향을 미치는 조건이 된다. 따라서 그림의 가격은 그림 자체의 가치보다는 그 그림에 대한 대중들의 관심에 달려 있다. 노래의 가격은 가수의 노력보다는 그의 노래를 듣고자하는 사람들의 수에 달려 있다. 황금의 가격은 세륨(cerium)이나 이리듐(iridium)도 지니고 있는 희소성보다는 사람들의 찬탄을 자아내고 인류의 신뢰에 답하는 햇빛 같은 광채와 불변의 순수성에 달려 있다.

하지만 나는 '수요'라는 말을 경제학자들이 보통 쓰는 의미와는 다소 다른 의미로 쓰고 있다는 사실을 명심해야 한다. 경제학자들이 말하는 수요는 "어떤 물건의 팔린 양"이지만, 내가 말하는 수요는 "어떤 물건을 사고자 하는 사람의 실현가능한 구매 의향"을 뜻한다. 올바른 영어에서 어떤 사람의 '수요'란 그 사람이 이미 획득한 물건이 아니라 획득하고자 하는 물건을 뜻한다.

경제학자들이 알지 못하는 것이 또 있다. 어떤 물건의 평가는 그 물건의 절대적인 부피나 무게가 아니라 그 물건을 실제로 사용하는 데 필요한 부피와 무게로 평가된다는 사실이다. 예를 들면 그들은 물이 시장에서 아무런 가격도 갖지 않는다고 말한다. 물론 한 잔의 물에는 가격이 없지만, 호수에는 가격이 있다. 한 줌의 흙에는 가격이 없지만, 1에이커의 땅에는 가격이 있다. 그리고 그 한 잔의 물이나 한 줌의 흙이라도 그것을 영원히 소유할 수 있다면(그것들을 둘 자리를 찾아낸다면) 땅과 바다를 몇 줌의 흙이나 몇 잔의 물로 모두 사버릴 수 있을 것이다.

있거나 유익한 것은 혼신을 다해 생명으로 이끌어 나간다. 물건은 생명을 향해 나아가지 않는 정도에 비례해서, 혹은 생명을 향해 나아가는 힘이 소모된 정도에 비례해서 그 가치가 줄어든다. 그리고 물건이 생명으로부터 멀어지는 정도에 따라서 그것은 가치가 없어지거나 해로워진다.

따라서 어떤 물건의 가치는 그것에 대한 사람의 견해나 물건의 양과는 관계가 없다. 당신이 그 물건을 어떻게 생각하든, 그리고 얼마나 많이 가질 수 있든, 그 물건 자체의 가치는 늘거나 줄지 않는다. 그것은 늘 유익한지 유익하지 않은지 둘 중 하나일 뿐이다. 만물의 조물주로부터 부여받은 그 물건 고유의 힘은 인간이 그것을 중시한다고 해서 늘어나는 것도 아니며, 경시한다고 해서 줄어드는 것도 아니다.

마술과 구별되어야 하는 의학, 점성술과 구별되어야 하는 천문학처럼 가짜 경제학과 명백히 구별되어야 하는 진짜 경제학은 국민들에게 생명으로 이끄는 물건을 열망하고 그것을 위해 일하도록, 그리고 파멸로 이끄는 물건을 경멸하고 파괴하도록 가르치는 학문이다. 그리고 국민들이 아직 유치한 상태에 머물러 있는 바람에 조개의 이상분비물인 파랗고 빨간 돌조각 같은 하찮은 것들을 가치 있다고 여기면서, 본래 생명을 늘이고 고양시키는 데 써야 할 노동의 대부분을 그런 것들을 얻기 위해 물속에 들어가거나 땅을 파거나 또 그것을 온갖 모양으로 자르는 데 허비한다면, 또 국민이 마찬가지로 유치한 상태에 머물러 있는 바람에 공기나 햇빛이나 청결 같은 귀중하고 은혜로운 것들을 오히려 가치 없게 여긴다면, 또는 마지막으로 국민들이 어떤 것을 진정으로 소유하고 사용할 수 있도록 해주는 그들 자신의 생존 조건들, 예를 들면 평화·신뢰·사랑 같은 것을 시장에 나와 있는 황금이나 쇠붙이나 조개의 이상분비물 같은 것과 바꾸는 것이 이문이라고 여긴다면—위대하고 유일한 경제학은 이 모든 경우에 무엇이 속빈 것이고 무엇이 실속 있는 것인지를 국민들에게 가르친다. 그리고 낭비와 영원한 허세의 군주인 죽음의 신을 섬기는 것이 저축의 여왕이자 영원한 충만함의 여왕인 지혜의 여신—한때 스스로 "나를 사랑하는 자에게는 내가 '재물'을 주어 그의 금고를 가득 '채워줄' 것이다."[46]라고 말한 지혜의 여신을 섬기는 것과 어떻게 다른지를 국민들에게 가르친다.

저축 은행도 좋지만 '저축의 여왕'은 그보다 훨씬 더 깊은 의미를

---

46) 『잠언』, 제8장 21절 참조. "이는 나를 사랑하는 자가 재물을 얻어서 그 곳간에 채우게 하려 함이니라." —옮긴이 주.

베네치아에 흑사병이 돌자 성모 마리아에게 구원을 요청하며 지은 〈마돈나 델라 살루테 성당〉 Madonna della Salute. 설계자 발다사레 롱게나Baldassare Longhena는 완공 후 흑사병으로 죽었다. Salute는 이탈리아어로 '건강' 또는 '구원' 이라는 뜻이다.

가지고 있다. 여기서 말하는 '저축의 여왕'은 '마돈나 델라 살루테' — 즉 '건강의 여왕'이다. 이 건강health이란 말은 보통 부wealth와 별개인 것처럼 말하지만, 사실은 부의 일부이다. 이 '부'라는 말은 우리가 다음에 정의해야만 한다는 것을 독자들은 기억하고 있을 것이다.

밀에 의하면, "부유하다는 것은 유용한 물품들을 많이 가지고 있다는 것이다." 나는 이 정의를 받아들인다. 하지만 그 정의를 철저히 이해할 필요가 있다. 나의 반대론자들은 종종 내가 그들에게 충분한 논리를 제시하지 않는다고 통탄해한다. 그런데 이제 그들이 지겨워할 만큼 많은 논리를 사용할까봐 무섭다. 하지만 경제학의 이 문제는 그리 가벼운 게 아니라서 그것에 들어맞지 않는 느슨한 용어를 허용해서는 안 된다.

따라서 위의 정의에서 우리는 먼저 '가지고 있다'having는 말의 의미, 즉 '소유'Possession의 본질이 무엇인지를 확정한 다음, 그러고 나서 '유용한'useful이라는 말의 의미, 즉 '유용성'Utility의 본질을 확정해야 한다.

먼저 소유에 대해 살펴보도록 하자. 밀라노 대성당의 바깥 복도 교차점에 방부 처리된 성 카를로 보로메오의 유해가 안치된 지 300년 가까이 지났다. 그 유해는 황금 주교장(主教枚)을 쥐고 있으며, 가슴 위에는 에메랄드 십자가가 놓여 있다. 주교장과 에메랄드가 유용한 물건이라면 그 유해는 그것을 '가지고 있다.'고 말할 수 있을까? 재산의 경제학적 의미에서, 이 물건들은 그 유해에 속해 있다고 할 수 있을까? 그렇지 않다면, 따라서 시체는 재산을 소유할 수 없다고 일반적으로 결론지을 수 있다면, 육체에 생기가 어느 정도 남아 있고 또 얼마나 지속되어야 재산을 소유할 수 있다고 할 수 있을까?

성 카를로 보로메오(St. Carlo Borromeo; 1538-84). 이탈리아의 성인이자 로마 가톨릭교회의 추기경. 가톨릭 개혁 시대에 활동했던 인물로, 성직자들의 교육을 위한 신학교도 설립했다.

이와 비슷한 예를 든다면, 최근 캘리포니아의 선박 한 척이 난파했을 때 승객들 중 한 명이 200파운드의 금괴가 든 전대를 몸에 두른 채 바다 밑에 가라앉아 있는 상태로 발견되었다. 자, 그가 가라앉고 있었을 때, 과연 그는 금을 가지고 있었다고 볼 것인가? 아니면 금이 그를 가지고 있었다고 볼 것인가?[47]

그리고 금괴가 무게 때문에 그를 바다 밑으로 가라앉히는 대신, 금괴가 그의 이마에 부딪친 바람에 그가 중풍이나 정신병에 걸렸다면, 과연 금괴는 첫 번째 경우보다 더 확실하게 그의 '소유물'이라고

47) 조지 허버트[George Herbert(1593-1633); 영국의 시인이자 사제—옮긴이 주.]의 『교회의 문』 (The Church Porch), 제28절 참조.

할 수 있을까? 황금을 지배하는 생명력이 점차 증가해가는 실례를 통해 연구를 진행하지 않아도 (하지만 그렇게 해달라고 요구하면 나는 그럴 용의가 있지만) 독자들은 소유, 즉 '가지고 있다.'는 것이 절대적인 힘이 아니라 단계적인 힘이라는 것, 그리고 그 힘은 그 소유되는 물건의 양이나 성질에만 있는 것이 아니라 (그보다는 오히려 더) 그것을 소유한 사람에 대한 적합성과 그것을 사용하는 사람의 활력에도 있다는 것을 알았으리라 생각한다.

따라서 '부'에 대한 우리의 정의를 확장시켜보면, "우리가 사용할 수 있는 유용한 물건을 소유하는 것"이 된다. 이것은 매우 중대한 변화이다. 부는 단순히 '가진다.'는 사실에만 의존하는 것이 아니라 '할 수 있다.'는 사실에도 의존하는 것이기 때문이다. 로마 검투사의 죽음은 '하베트habet'[48]라는 한 마디에 달려 있었지만, 군인의 승리와 국가의 구제는 '쿠오 플루리뭄 포세트Quo plurimum Posset, 즉 할 수 있는 일을 다 한다(리비우스의 『로마건국사』, 제7권 6절)에 달려 있다. 그러므로 우리는 그저 물질의 축적으로만 생각했던 부가 능력의 축적도 필요로 한다는 것을 알 수 있다.

---

48) '가진다.'라는 뜻의 라틴어 3인칭 단수 현재(영어의 has). 로마의 검투사들은 상대를 쓰러뜨리면 이 말을 했다고 한다. —옮긴이 주.

'가진다.'는 동사에 대해서는 충분히 살펴보았으니, 다음에는 형용사에 대해 생각해보자. '유용한'이란 말의 의미는 무엇인가?

이 의문은 앞의 동사의 문제와 밀접한 관계가 있다. 어떤 사람의 손에 들어가면 유용할 수 있는 물건이라도 다른 사람의 손에 들어가면 유용use의 반대, 흔히 말하는 '무용'(無用, from—use) 또는 '오용'(誤用, ab—use)이 될 수 있기 때문이다. 어떤 물건의 유용한 성질이 개발될지 무용한 성질이 개발될지는 물건 자체보다 그 물건을 사용하는 사람에게 달려 있다. 그래서 그리스인들이 당연히 모든 열정의 전형으로 생각한 바쿠스 신의 포도주는 유용되면 "신과 인간을 즐겁게 해주지만"(즉 인간의 신적 생명력인 이성의 힘과 세속적 생명력인 육체의 힘을 강화해준다.), 반대로 오용되면 '디오니소스'가 되어 특히 인간의 신적 요소인 이성에 해를 끼친다. 그리고 육체 자체도 유용될 수도 오용될 수도 있기 때문에, 올바로 단련하면 전쟁이나 노동에 참여함으로써 국가에 봉사할 수 있지만, 단련하지 않거나 오용하면 국가에 쓸모없는 것이 되고 그저 한 개인의 목숨을 겨우 (그것도 무기력하게) 연명할 수 있을 뿐이다. 그리스인들은 그런 육체를 '백치의idiotic' 육체, 즉 '사적인private' 육체라고 불렀다. 영어의 'idiot(백치)'는 국가에 직접적으로 유용하지 않은 일에 종사하는 사람을 뜻하는 그리스어에서 비롯된 것으로, 전적으로 자신의 관

헤라클레스와 술 시합을 하는 디오니소스(Dionysos; '두 번 태어나다'라는 뜻이다). 그리스 신화의 디오니소스는 로마 신화의 바코스(Bacchos; 영어로 바쿠스, Bacchus)에 해당한다.

심사에만 몰두하는 사람을 가리킨다.

따라서 어떤 물건이 유용하려면, 물건 자체가 유용성을 지니고 있고, 또 그것을 유용하게 쓸 수 있는 사람의 손에 있어야 한다. 정확히 말하면, 유용성은 용기 있는 사람의 손에 있는 가치이다. 그러므로 우리가 방금 보았듯이, 이 부의 학문을 축적의 학문으로 보았을 때는 물질의 축적과 능력의 축적을 같이 연구하는 학문이며, 분배의 학문으로 보았을 때는 절대적인 분배가 아니라 차별적인 분배를 연구하는 학문이다. 즉 모든 물건을 모든 사람에게 분배하는 것이 아니라 적절한 물건을 적절한 사람한테 분배하는 것을 연구하는 학문이다. 따라서 이 학문은 산술 이상의 것에 의존하기 때문에 좀 어렵긴 하다.

그러므로 부는 "용기 있는 자THE VALIANT에 의한 가치 있는 것 THE VALUABLE의 소유"이며, 부를 한 나라 안에 존재하는 힘으로 고찰할 때는 물건의 가치와 그 소유자의 용기valour라는 두 개의 요소를 함께 평가해야 한다. 그래서 보통 부자라고 여겨지는 사람들도 대부분은 본질적으로 또 영원히 부유해질 능력이 없기 때문에, 실제로는 그들의 튼튼한 금고에 채워진 자물쇠가 부유하지 않은 것처럼 그들도 전혀 부유하지 않다는 것을 알 수 있다. 그리고 경제학적 관점에서 볼 때, 그들은 국가에 대해 썩은 물이 고여 있는 웅덩이나 강물 속의 소용돌이로 작용하거나(소용돌이는 강물이 흐르는 한 쓸모가 없으며, 고작해야 사람들을 익사시키지만, 강물이 마르면 썩은 물이 고인 웅덩이 상태조차 귀해질 수도 있다.), 또는 강물을 막는 댐(댐의 궁극적인 효용은 댐이 아니라 방앗간 주인에게 달려 있다.)으로 작용하거나, 또는 단순한 우발적인 방해물이나 걸림돌이 되어 부로서의 작용을 못할 뿐만 아니라 오히려 그 주변의 사방에 황폐와 분란을 일으키는 '요물'(妖物, illth; 이 말은 없지만 'wealth'에 상응하는 말이 있어야만 하기 때문에 만들었다.)로 작용하거나, 마지막으로 전혀 아무런 작용도 하지 않고 그저 유예 상태로 숨만 내쉬고 있을 뿐이다(그들의 소유물은 그들이 죽을 때까지 그 어떤 것도 활용할 수 없기 때문이다.). 그럼에도 불구하고 이 마지막 경우에 그들은 나라가 너무 빨리 나아가는 경향을 보일 경우 그 속도를 늦추는 '걸림돌'로 유용할 때도 가끔 있다.

이렇게 때문에 진정한 경제학의 어려움은 단지 물질적 가치를 다루는 남성적 성격을 발달시킬 필요에만 있는 것이 아니다. 남성적 성격과 물질적 가치의 결합을 통해서만 비로소 부가 형성되지만, 그 것들이 서로 파괴하는 작용을 한다는 사실에도 그 어려움이 있다. 남성적 성격은 물질적 가치를 무시하거나 심지어 배격하는 경향이 있기 때문이다. 그래서 알렉산더 포프는 이렇게 말하고 있다.

확실히, 칭찬받을 만한 자질을 가진 자들 가운데
재산을 일으키는 자보다 파산하는 자가 더 많다.

그리고 다른 한편으로, 물질적 가치는 남성적 성격을 손상시키기 쉽다. 그러므로 우리는 결국 부가 그 소유자의 정신에 미친 영향의 증거를 고찰해야만 한다. 또한 항상 부를 얻는 데 전념하여 성공하는 사람은 과연 어떤 부류인지, 또 세상에 도덕적 영향을 미치거나 주요 상품을 개발한 사람, 중요한 발견이나 실질적 진보를 이룩

한 사람들 가운데 부자가 더 많은지 가난한 사람이 더 많은지도 고찰해야 한다. 하지만 앞으로 내려질 결론을 내다보면, 수요 공급의 원칙에만 지배되고 공공연한 폭력으로부터 보호받는 사회에서 부자가 되는 사람은 일반적으로 부지런하며 단호하고 자부심이 강하며 탐욕스럽고 민첩하며 꼼꼼하고 분별력 있으며 비공상적이고 둔감하며 무지한 사람들이라고 말할 수 있다. 반면에 가난한 상태로 남아 있는 사람은 완전한 바보이거나, 완전한 현자[49]이거나, 게으름뱅이거나, 무모하거나, 겸손하거나, 생각이 깊거나, 둔하거나, 상상력이 풍부하거나, 민감하거나, 박식하거나, 앞을 내다보지 않거나, 불규칙하고 충동적이거나, 서투른 악당이거나, 공공연한 도둑이거나, 더없이 자비롭고 정의로운 성인 같은 사람이라 할 수 있다.

지금까지는 부에 대해서 논했다. 다음에는 '가격'의 본질에 대해서 확정해야 한다. 즉 교환가치와 그것이 화폐로 표현되었을 경우의 본질을 말이다.

---

49) "나는 지력으로나 성질로나 플루토스보다 훨씬 더 뛰어난 인물을 세상에 내보낼 수 있기 때문에 그렇다." 이처럼 당당한 제우스의 말도 다음과 같이 이어지는 말 앞에서는 초라해질 뿐이다. "제우스 신까지도 일하지 않으면 안 될 것이다." (아리스토파네스의 희극『플루토스』제582행)

CHOCOLAT des GOURMETS. TRÉBUCIEN

그리스 신화에 나오는 부의 신 플루토스(Plutus)는 그리스어로 '재물'이라는 뜻이다. 크레타 섬의 여신 데메테르와 크레타인 이아시온 사이의 아들로 태어난 그는 주로 풍요를 상징하는 뿔인 코르누코피아를 들고 있는 어린 아이의 모습으로 표현된다. 지하세계의 신 플루토(Pluto; 하데스, 플루톤)와 다른 신이다. 제우스 신은 플루토스가 착한 사람에게만 부를 주는 것을 보고 선악의 구별 없이 부를 주도록 그의 눈을 멀게 했다고 한다.

교환에 관해 먼저 주의해야 할 점은, 교환에는 '이윤'이 존재할 수 없다는 것이다. 이윤 — 영어 'profit'은 '앞서 만드는 것' 또는 '…을 위해 만드는 것'이라는 뜻의 라틴어 'proficio'에서 비롯되었다. —은 노동에만 존재할 수 있다. 교환에는 단지 이익advantage이 존재할 뿐이다. 이익은 교환하는 사람들에게 편의나 힘을 가져다주는 것이다. 어떤 사람은 씨를 뿌리고 수확하여 곡식 한 되를 두 되로 만든다. 그것이 이윤이다. 또 어떤 사람은 광석을 파내 쇠를 단조(鍛造)

하여 삽 한 자루를 두 자루로 만든다. 그것도 '이윤'이다. 하지만 곡식 두 되를 가진 사람도 때로는 광석을 파고 싶어질 때가 있고, 삽두 자루를 가진 사람도 때로는 먹을 곡식을 갈고 싶어한다. 그래서 그들은 각자의 곡식과 삽을 교환한다. 이 교환을 통해 양쪽의 형편이 좋아진다. 하지만 이 거래에서 이익은 많지만 이윤은 조금도 없다. 새로 만들어진 것도 없고 생산된 것도 없다. 단지 이전에 만들어져 있던 것들이 그것을 사용할 수 있는 사람의 손에 주어졌을 뿐이다. 이 교환을 실행하기 위해 노동이 필요하다면, 그 노동은 사실상 생산에 포함되고, 다른 모든 노동과 마찬가지로 이윤을 낳는다. 거기서 제조나 수송에 관여하는 사람들은 누구나 그 이윤에 관여하고 있다. 하지만 제조나 수송은 교환이 아니기 때문에, 교환 자체에는 아무런 이윤도 없다.

'획득'acquisition이라는 것도 존재할 수 있다. 하지만 그것은 전혀 다른 것이다. 어떤 사람이 조금 수고해서 만든 물건을 다른 사람이 많은 수고를 들여 만든 물건과 교환할 수 있다면, 그는 상대의 노동이 낳은 생산물의 일정량을 '획득'하는 것이다. 그리고 그가 획득한 만큼 상대는 손실을 입게 된다. 이렇게 획득한 사람을 상업 용어로는 보통 '이윤을 남긴' 사람이라고 부른다. 그리고 우리나라 상인의 대부분은 이런 식으로 이윤을 남기는 것이 왠지 당연하다고 생각하는 것 같다. 그런데 우리가 살고 있는 세상의 불운한 구조 때문에 물질의 법칙이나 운동의 법칙 모두가 이런 종류의 보편적 획득을 엄격히 금지하고 있다. 이윤, 즉 물질적 이득gain은 건설이나 발견에 의해서만 얻을 수 있지 교환에서 의해서는 얻을 수 없다. 교환으로 물질적 이득을 얻는 경우에는 언제나 그 '플러스'에 대해 정확히 똑같은 양의 '마이너스'가 존재한다.

경제학의 진보라는 측면에서는 불행한 일이지만, 다량의 플러스, 즉—어색한 복수형을 만들도록 허락해준다면—플러스들pluses은 세상에서 아주 적극적이고 존경할 만해 보이기 때문에 누구나 그토록 훌륭한 결과를 낳는 학문을 배우려고 갈망한다. 반면에 마이너스는 뒷골목이나 그늘진 곳으로 숨으려는 경향이 있다. —때로는 무덤 속에 들어가 결국은 모두가 모습을 감추어버리기도 한다. 따라서 이 학문의 대수학algebra은 특이하고 난해한 것으로 되어버린다. 부기하는 사람이 마이너스 기호의 대부분을 빨간 잉크로 쓰기 때문이다. 그리고 그 빨간 잉크는 굶주림 때문에 깡마르거나, 별나게 창백해지거나, 심지어는 투명잉크로 적은 듯 한동안 완전히 보이지 않기도 한다.

교환의 학문, 또는 그렇게 부르자고 한 것으로 알고 있는 '교환학'(交換學, Catallactics)[50]은 '이득'gain의 학문으로 간주하면 그냥 무

의미한 것에 불과하다. 하지만 획득의 학문으로 간주하면 아주 기묘한 학문이고, 그 자료와 기초는 지금까지 알려진 다른 어떤 학문과도 전혀 다르다. 예를 들어 내가 미개인에게 바늘 한 개를 주고 다이아몬드 하나를 얻을 수 있다고 치자. 그것은 그 미개인이 유럽 사회의 실정에 무지하거나, 아니면 알면서도 그것을 이용하여 어떤 사람에게 더 많은 바늘을 받고 다이아몬드를 팔 능력이 없기 때문이다. 더구나 그 거래를 나에게 최대한 유리하게 하려고 그 야만인에게 귀가 없는 바늘 하나를 준다면(이렇게 해서 교환학의 완벽한 기능을 충분히 발휘한다면), 이 거래 전체에서 내가 얻는 이익은 전적으로 상대의 무지나 무능이나 부주의에 때문이다. 이런 결함을 제거해버리면 교환의 이익도 불가능해진다. 따라서 교환학이 교환하는 사람들 중 어느 한쪽의 이익에만 관련된다면, 그 학문은 상대의 무지나 무능에 바탕을 두게 된다. 따라서 상대의 무지나 무능이 사라지면, 교환학도 사라지고 만다.

그렇기 때문에 이 학문은 무지(無知, nescience) 위에 세워진 학문 science이자 무기술(無機術, artlessness) 위에 세워진 기술art이다. 그

---

50) '교환하다'라는 뜻의 그리스어 katallasso(영어로는 to exchange)에서 나온 말이다. 이 말은 리차드 웨이틀리(Richard Whately; 1787−1863)가 그의 책 『경제학강의입문』(Introductory Lectures on Political Economy, 1831)에서 처음 사용했다. −옮긴이 주.

런데 교환학 이외의 다른 모든 학문과 기술들은 무지와 무기술의 제거를 목표로 삼고 있다. 온갖 학문들 가운데 유독 이 학문만은 모든 수단 방법을 총동원하여 학문의 반대편에 서 있는 무지를 널리 퍼뜨리고 연장시켜야만 한다. 그렇지 않을 경우 학문 자체가 성립할 수 없기 때문이다. 따라서 그것은 특이하게 암흑의 학문이다. 사이비 학문일 것이다. 그것은 결코 신성한 학문divina scientia이 아니라, 아마도 자식에게는 돌을 빵으로 바꾸라고 충고하면서 자기는 빵을 돌로 바꾸려고 애쓰며, 당신이 그에게 물고기를 달라고 부탁해도(그의 영지에서는 물고기를 잡을 수 없기 때문에) 뱀을 줄 수밖에 없는 그런 악마가 배태한 학문일 것이다.

그런데 공정한, 즉 경제적 교환에 관한 일반 법칙은 다음과 같이 간단하다. ―교환하는 사람 양쪽이 다 이익이 되어야 한다(한쪽만 이익을 볼 때는 최소한 상대가 불이익을 당해서는 안 된다.). 그리고 거래를 성사시키는 중개자(흔히 상인이라고 부른다.)에게는 그가 거래를 위해 사용한 시간과 지혜와 노동에 대해 정당한 보수를 주어야 한다. 거래의 양쪽 당사자가 얻는 이익과 중개자에게 주어지는 보수는 모든 관계자들에게 정확히 알려져야 한다. 숨기려는 시도는 모두 어떤 무지에 바탕을 둔 반대의 학문, 즉 신성하지 않은 학문이 실행되고 있음을 내비쳐준다. 그래서 그 유대인 상인은 또 이렇게 말하고 있다. : "돌의 깨진 틈새에 못이 낀 것처럼, 사는 것과 파는 것 사이에는 죄악이 단단히 끼워져 있느니라." 사람들이 서로 거래할 때 돌과 목재를 잡아매는 대갈못 역할을 하는 것은 스가랴의 두루마리(Zechariah's roll; 아마도 '구부러진 칼'이었을 가능성이 높다.)가 그 위를 날아갈 때—목재와 돌이 한꺼번에—허물어져버릴 집에도 다시 나타나고 있다. 그 두루마리는 "도둑질을 하고도 죄가 없다고 주장하는 지상의 모든 자에게 내려지는 저주"다.[51] 그리고 바로 뒤이어 '커다란 되'의 환영이 나타난다. 그 되는 지상에 가득한 불의를 재는 도구인데, 납으로 된 뚜껑이 덮여 있는 그 안에는 악의 정령인 여인이 앉아 있다. 납 뚜껑이 달린 되 속의 여인은 '둔감함'으로 은폐되고, 겉으로는 육중하게 확립된 잔인함의 형태를 띤 '사악함'이다. "그것은 바벨의 땅에서 제자리에 놓일 것이다."[52]

나는 교환을 논할 때 지금까지 '이익'이라는 용어만 사용하려고 조심했다. 하지만 이 용어에는 두 가지 개념이 포함되어 있다. 즉 하나는 우리가 필요로 하는 물건을 얻는 이익이고, 또 하나는 우리가

---

51) 「스가랴서」(Zechariah) 제5장 4절; "만군의 여호와께서 가라사대 내가 이것을 발하였나니 도적의 집에도 들어가며 내 이름을 가리켜 망령되이 맹세하는 자의 집에도 들어가서 그 집에 머무르며 그 집을 그 나무와 그 돌을 아울러 사르리라 하셨느니라." ―옮긴이 주.

52) 「스가랴서」 제5장 11절 참조. ["내게 이르되 그들이 시날(바벨) 땅으로 가서 그를 위하여 집을 지으려 함이니라 준공되면 그가 제 처소에 머물게 되리라 하더라." ―옮긴이 주.]

원하는 물건을 얻는 이익이다. 세상에 존재하는 수요의 4분의 3은 환상과 이상과 희망과 애정에 초점을 둔 것들이다. 따라서 지갑을 관리하는 것은 본질적으로 상상과 감정을 조절하는 것이다. 따라서 가격의 본질에 대한 올바른 논의는 아주 형이상학적이고 정신적인 문제다. 다윗이 베들레헴 성문 옆에 있는 우물물의 가치를 따지는 것처럼, 때로 그 문제는 감정적으로만 해결되는 경우도 있다.

하지만 그 첫 번째 조건은 다음과 같다. — 어떤 물건의 가격은 그것을 원하는 사람이 그것을 얻기 위해 제공하는 노동의 양이다. 이 가격은 네 가지 변수에 의해 결정된다. 구매자가 그 물건에 대한 욕망의 양 A는 판매자가 그 물건을 계속 보유하려는 욕망의 양 a와 대립한다. 구매자가 그 물건을 얻기 위해 제공할 수 있는 노동의 양 B는 판매자가 그 물건을 계속 보유하기 위해 제공할 수 있는 노동의 양 b와 대립한다. 이 네 가지 변수량quantities은 다른 것을 초과하는 경우에만 작동한다. 즉 욕망의 양(A)은 이 물건에 대한 욕망의 양이 다른 물건들에 대한 욕망의 양보다 초과된 양을 의미하고, 노동의 양(B)은 이 물건을 얻기 위해 다른 물건들을 얻는 데 필요한 노동의 양에서 할애할 수 있는 양을 의미한다.

그렇기 때문에 가격 현상은 아주 복잡하고 기묘하고 흥미롭다.

하지만 너무 복잡하여 아직은 검토할 수가 없다. 그 현상을 한참 추적해보면 결국에는 모두 저 '가련한 양들'(또는 "도살될 양떼")의 매매 과정의 일부이기 때문이다. "너희가 좋다고 생각하면 내가 받을 품삯을 '내게' 주고, 줄 생각이 없거든 그만두어라."(「스가랴서」 제11장 12절). 하지만 모든 물건의 가격은 결국 노동으로 계산되기 때문에, 그 기준(노동)의 본질을 규정할 필요가 있다.

노동이란 인간의 생명이 그 반대쪽 상대와 싸우는 것이다. 이 '생명'이라는 용어에는 인간의 지력과 영혼과 체력이 포함되어 있으며, 그것은 회의(懷疑)나 난관이나 시련이나 물질적인 힘과 맞서 싸운다.

노동은 그 안에 생명의 요소가 어느 정도 포함되어 있느냐에 따라 고급한 것과 저급한 것으로 분류된다. 어떤 부류의 노동이든 간에 양질의 노동에는 체력을 충분히 조화롭게 조정할 만한 지력과 감정이 항상 포함되어 있다.

노동의 가치와 가격을 말할 때는 항상 그 노동이 일정한 등급과 품질을 갖추고 있다고 생각하는 것이 필요하다. 그것은 일정한 순도를 가진 금이나 은을 대상으로 논하는 것과 마찬가지다. 불량한 (즉 의욕이 없거나 경험이 없거나 의미가 없는) 노동은 평가를 내릴 수

복수의 3여신 에리니에스 중 한 명인 티시포네는 '살육의 복수자'나 '살인을 복수하는 여자'라는 뜻을 지녔다. 이 여신은 가이아의 딸로, 그녀의 자매는 알렉토와 메가에라이다.

가 없다. 그것은 마치 순도를 알 수 없는 금이나 깨진 쇠붙이와 다름없다.[53]

---

[53] 고품질의 노동, 즉 효과적이거나 능률적인 노동을 그리스인들은 '악시오즈'(axios; weightable, 중시해야 할)한 노동이라고 불렀다. 이 말은 영어로 보통 '가치 있는'(worthy)으로 번역된다. 그리고 그것은 실질적이고 진정한 노동이기 때문에, 그들은 그 노동의 대가를 '티메'(time), 즉 '명예로운 평가'(honourable estimate, 라틴어로 honorarium)라고 불렀다. 이 말은 진정한 노동을 신성한 것으로 여기는 그들의 개념에 토대를 둔 것인데, 그러한 노동은 신들에게 바쳐진 것과 같은 명예를 누려야 한다고 생각했다. 반면에 거짓된 노동, 즉 생명에서 멀어지는 노동의 대가는 명예가 아니라 복수이다. 그들은 이것을 표현하는 낱말도 따로 갖고 있었다. 복수라는 대가를 강요하는 것은 '죽음의 복수자(또는 수행인)'인 티시포네(Tisiphone)라는 특이한 여신의 속성이었다. 이 여신은 고등수학에 정통하고 시간을 엄수하는 습관을 지니고 있었다. 혹시 오늘날에도 이 여신과는 은행계좌를 트고 있을지도 모른다.

노동의 품질과 종류가 일정한 경우에는, 가치를 평가할 수 있는 다른 모든 것들과 마찬가지로 그 노동의 가치도 불변적이다. 하지만 다른 물건에 대한 대가로 제공해야 하는 노동의 양은 가변적이다. 이 변화를 평가할 경우, 다른 물건의 가격은 언제나 노동의 양을 가지고 계량해야 하며, 다른 물건의 양으로 노동의 가격을 계량해서는 안 된다.

우리가 돌투성이 땅에 사과나무를 심으려면 두 시간쯤 걸릴지 모르지만, 부드러운 땅에는 아마 30분밖에 안 걸릴 것이다. 그러나 양쪽 모두의 토질이 나무의 성장에 적합하다면, 두 시간 걸려서 심은 묘목의 가치가 결코 30분 걸린 것보다 크다고 말할 수는 없다. 한쪽 나무가 다른 쪽 나무보다 많은 열매를 맺는 것은 아니기 때문이다. 또한 한쪽의 30분 노동은 다른 쪽의 30분 노동과 같은 가치를 지닌다. 그렇지만 한쪽 묘목은 30분짜리 노동을 네 번이나 필요한 반면에, 다른 쪽 묘목은 30분짜리 노동 한 번만 필요했다. 이제 이 사실을 적절히 표현하면, 단단한 땅에서의 노동이 부드러운 땅에서의 노동보다 싼 게 아니라 단단한 땅에 심어진 나무가 더 비싸다고 말해야 한다. 차후에 나무의 교환가치는 이러한 사실에 영향을 받을 수도 있고 그렇지 않을 수도 있다. 다른 사람들이 나무심기 좋은 부드러운 땅을 많이 갖고 있다면, 그들은 돌투성이 땅에 심어진 나무를 사려고 할 때 우리가 거기에 들인 두 시간의 노동을 인정하지 않고 가격을 제시할 것이다. 우리가 식물학 지식이 충분치 않아 사과나무 대신 유퍼스 나무[54)]를 심었다면, 그 교환가치는 마이너스가 될 것이고, 거기에 쏟은 노동과는 훨씬 더 반비례할 것이다.

따라서 보통 헐값 노동이라고 불리는 것은 사실상 노동으로 극복해야만 할 장애물이 너무 많아서 작은 결과를 얻는 데에도 많은 노동이 필요하다는 것을 의미한다. 하지만 이는 노동이 싸다고 말하지 말고 노동의 대상이 비싸다고 말해야 한다. 우리가 저녁을 먹기 위해 집까지 10마일을 걸어가야 했기 때문에 걷는 것이 싸다고 말하는 것이 합리적이라면, 저녁 값을 벌기 위해 열 시간을 일해야 했기 때문에 노동이 싸다고 말하는 것도 합리적일 것이다.

우리가 정의를 내려야 할 마지막 용어는 '생산물'이다.

나는 지금까지 모든 노동은 유익한 것이라고 말해왔다. 노동

---

54) upas tree; 자바가 원산지인 뽕나무과 식물로, '독'이라는 뜻을 지니고 있다. 이 나무는 독성이 아주 강하고 번식력이 강해 그 주변에서 동식물이 살지 못하게 한다. 영국의 지역경제학자인 피터 홀 교수는 영국 산업혁명의 산실이었던 글래스고가 오래된 조선 산업에만 의존해 지역경제가 계속 쇠퇴하고 있음을 목격했다. 그는 글래스고의 도시 경제 생태계를 피폐화시키는 낡은 조선 산업이 일종의 유퍼스 나무와 같은 나쁜 효과를 발휘한다고 해서 '유퍼스 나무 효과'(upas tree effect)란 용어를 처음 사용했다. ―옮긴이 주.

의 품질, 즉 노동의 가치와 노동의 목적을 하나로 묶어서 고찰하는 것은 불가능하기 때문이다. 하지만 가장 양질의 노동도 목적이 다양해질 수 있다. 즉 농업처럼 건설적constructive[55]일 수도 있고, 보석세공처럼 무가치한nugatory 것일 수도 있고, 전쟁처럼 파괴적 destructive일 수도 있다. 그러나 겉보기에 무가치해 보이는 노동이 실제로도 그렇다는 것을 입증하기란 그리 쉽지 않다.[56] 하지만 "모으지 않는 자는 흩으는 자이다."[57]라는 원리는 대체로 들어맞는다. 보석세공인의 기술은 어설프고 품위 없는 과시욕에 이바지하기 때문에 몹시 해로울지도 모른다. 그래서 나는 거의 모든 노동은 단적으로 긍정적인 노동과 부정적인 노동으로 구분할 수 있다고 믿는다. 긍정적인 노동은 생명을 생산하며, 부정적인 노동은 죽음을 생산한다. 가장 직접적으로 부정적인 노동은 살인이며, 가장 직접적

---

55) construction은 원래 라틴어 con(함께) + struo(쌓아올리다), 즉 영어로 gathering(모으기)이라는 뜻이며, destruction은 de(흩어) + struo(쌓아올리다), 즉 영어로 scattering(흩뿌리기)이라는 뜻이다. ─옮긴이 주.

56) 가장 눈에 띠는 헛된 노동은 효과적으로 목적을 이루지 못해서 처음부터 다시 해야 하는 노동일 것이다. 비협력 때문에 효과를 얻지 못하는 노동도 마찬가지다. 내가 벨린초나 [Bellinzona; 스위스 티치노 주에 있는 작은 도시. ─옮긴이 주.] 근처의 작은 마을 목사에게 농부들이 왜 자기네 밭에 티치노(Ticino) 강이 범람하도록 방치하느냐고 물었다. 그러자 목사는 모든 농부들이 "제방을 쌓으면 자기뿐만 아니라 이웃도 도움이 될 것"이라며, 실질적인 효과가 있게 계곡에 제방을 높이 쌓는 데 끼지 않는다고 말했다. 그래서 지주들은 각자 자기 밭 주변에만 작고 낮은 제방을 쌓았다. 하지만 티치노 강은 마음을 먹자마자 모든 밭들을 휩쓸고 삼켜버렸다.

57) 『마태복음』 제12장 30절 참조. "나와 함께 아니하는 자는 나를 반대하는 자요 나와 함께 모으지 아니하는 자는 헤치는 자니라." ─옮긴이 주.

으로 긍정적인 노동은 아이들을 낳아서 기르는 것이다. 그러므로 '무위'(無爲, idleness)의 부정적인 측면에서 살인은 가장 증오스러운 만큼, 긍정적인 측면에서 양육은 가장 칭송할 만하다. 게다가 아이를 양육한다는 것 자체에 명예가 있기 때문에[58] 아내는 (격려의 의미로) 포도나무에 비유되는 반면, 아이들은 칭찬의 의미로 올리브나무[59]에 비유된다. 그것은 칭찬만이 아니라 평화의 의미이기도 하다 (평화의 시기에만 많은 자녀들을 키울 수 있기 때문이다.). 아이들은 사방으로 퍼져나가 돌아다니며 힘을 뿌리기 때문에, 가정의 힘에 대해서는 거인의 손 안에 있는 화살들 — 여기저기 먼 곳까지 쏘아대는 화살들에 비유될 만도 하다.

이처럼 노동은 다양한 결과를 낳기 때문에, 어떤 국가의 번영은 정확히 국민이 생활 수단을 획득하고 사용하는 데 소비하는 노동의 양에 비례한다. 내가 '획득하고 사용한다.'고 말한 것에 유의하라.

---

58) 나는 '낳는다.'가 아니라 '양육한다.'고 말한 것에 유의해주기 바란다. 칭송의 대상은 씨를 뿌리는 일도 포도밭도 아닌 열매다. 세상 사람들은 누구나 잠깐의 노력을 들여 남의 생명을 구한 사람을 극구 칭찬하지만, 오랫동안 노력과 인내를 통해 한 생명을 창조한 사람에게 칭찬이 인색한 것은 너무나 이상하다. 우리는 '시민을 구한'(ob civem servatum) 사람에게는 영예로운 화관을 씌워주지만, '시민을 산출한'(ob civem natum) 사람에게는 왜 그런 영예를 주지 않는가? 여기서의 산출은 육체뿐만 아니라 영혼까지도 완전히 산출하는 것을 뜻한다. 내 생각에 영국에는 이 두 가지 화관을 만들 수 있는 떡갈나무가 충분히 있다.

59) 『시편』 제128편 3절을 참조. "네 집 안방에 있는 네 아내는 결실한 포도나무 같으며, 네 식탁에 둘러앉은 자식들은 어린 감람나무 같으리로다." —옮긴이 주.

그것은 단순히 현명하게 생산하는 것만이 아니라 현명하게 분배하고 소비하는 것이다. 경제학자들은 항상 절대적 소비에는 아무런 유익함도 없는 것처럼 말하지만[60], 이것은 잘못이다. 오히려 절대적 소비야말로 생산의 목적이고 절정이며 완성이다. 더구나 현명한 소비는 사실 현명한 생산보다 더 어려운 기술이다. 돈을 벌 수 있는 사람이 스무 명이라면 돈을 쓸 수 있는 사람은 한 명꼴이다. 개인이나 국가에게는 결코 "돈을 얼마나 많이 버느냐?"가 아니라 "그 돈을 무슨 목적으로 쓰느냐?"가 중요한 문제이다.

아마도 독자들은 내가 지금까지 '자본'과 그 기능에 관해서는 약간만 언급한 것에 놀랐을지도 모른다. 이제 그 개념을 정의할 곳이 바로 여기다.

'자본'capital은 '머리(head, 라틴어로 caput), 근원source, 원료root material' 등의 의미를 지니고 있다. 그것은 파생적이거나 이차적인 재화를 생산하는 재료이기 때문에 그 자체와는 다른 것을 생산할 때만 진정한 의미의 자본, 즉 죽은 자본caput mortuum이 아니라 살

---

60) 밀이 생산적 소비를 말할 때는 자본 또는 물질적 부를 증가시키는 소비만을 의미한다(제1권 제3장 제4, 5절을 참조).

아 있는 자본caput vivum이다. 뿌리는 원래 뿌리와는 다른 열매를 낳을 때 비로소 뿌리의 활기찬 기능을 발휘한다. 즉 열매를 맺는다. 그 열매는 때가 되면 다시 뿌리를 낳는다. 그렇게 해서 살아 있는 모든 자본은 자본의 재생산을 수행한다. 하지만 자본 이외에 그 무엇도 생산하지 않는 자본은 뿌리만 생산하는 뿌리에 불과하다. 그것은 마치 구근(球根, bulb)만 생산하고 꽃을 못 피우는 튤립의 구근, 씨만 생산하고 빵을 생산하지 못 하는 씨앗과 마찬가지다. 유럽의 경제학은 지금까지 구근의 증식, 아니 (증식에도 미치지 못한) 구근의 집적에만 몰두해왔다. 튤립 같은 것은 지금까지 본 적도 없고 결코 염두에 둔 적도 없었다. 아니, 경제학자들이 집적의 법칙을 규정하면서 어떤 목적이나 의미가 있었다면, 그것은 삶아놓은 구근이나 백열등이나 가루가 되어 사방으로 흩어지는 루퍼트 왕자의 구슬Prince Rupert's drops이었을지도 모른다. 우리는 자본 집적의 법칙에 대한 보다 명료한 개념을 얻도록 노력해야 할 것이다.

가장 훌륭하고 가장 단순한 자본의 일반적인 형태는 잘 만들어진 쟁기이다. 그 쟁기가 마치 폴립[61] 처럼 다른 쟁기를 낳는 것 이외

---

61) 폴립(polyp); 산호와 같이 쏘는 세포 내 주머니를 가지고 있는 자포동물(刺胞動物, Cnidaria)을 말한다. ―옮긴이 주.

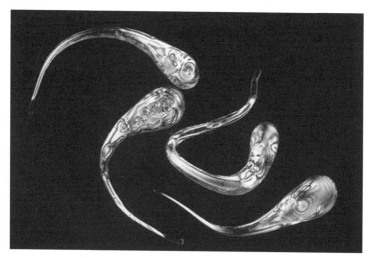

'루퍼트 왕자의 구슬'은 눈물방울(또는 올챙이) 모양의 유리 장난감이다. 앞머리 부분은 쇠망치로 내려쳐도 깨지지 않을 정도로 단단하지만, 가는 꼬리 부분을 부러뜨리면 전체가 부서져 가루가 된다. 이 구슬을 만든 사람은 영국 제임스 1세의 외손자이자 찰스 1세의 조카인 루버트 왕자이다. 신기한 구슬 발명은 1640년 경에 이루어졌다. 녹은 상태의 유리액을 찬물에 떨어뜨렸더니 가늘고 긴 꼬리를 가진 물방울 모양이 나왔다. 찬물에 떨어진 유리액의 둘레는 급격히 식어 유리로 변하지만, 속은 서서히 굳는 과정에서 인장력이 구슬 안에 갇힌 것이다. 물의 온도차와 유리의 인장력으로 탄생한 구슬의 원리는 오늘날의 강화유리를 낳았고 방탄유리의 원조로도 꼽힌다.

에 아무 일도 하지 않는다면, 폴립처럼 무리를 이룬 쟁기들이 아무리 햇빛에 반짝거릴지라도 자본의 기능은 이미 상실했을 것이다. 쟁기는 오로지 다른 종류의 광채로 빛날 때, 즉 밭고랑에서 고귀한 마찰 때문에 증식하지 않고 오히려 닳아서 빛을 낼splendescere sulco 때 비로소 진정한 자본이 된다. 모든 자본가와 모든 국민에게 던지는 진실한 질문은 "당신은 쟁기를 얼마나 갖고 있느냐?"가 아니라

"당신의 밭고랑은 어디에 있는가?"이다. ―즉 "이 자본은 얼마나 빨리 증식할까?"가 아니라 "증식하는 동안 자본은 무엇을 할 것인가?"이다. 자본은 생명에 유용한 어떤 물건을 공급하느냐, 생명을 보호하는 어떤 구조물을 짓느냐? 그런 일을 전혀 하지 않는다면, 자본 자체의 증식은 아무 데에도 쓸모가 없다. 그런 자본은 차라리 없는 게 낫다. (자본은 생명을 유지할 뿐만 아니라 파괴할 수도 있기 때문이다.) 자본 자체의 증식은 쓸모없는 것보다 더 나쁘다. 그것은 단지 티시포네에게 저당을 잡히고 돈을 빌린 것에 지나지 않는다. 그것은 전혀 이윤이 아니다.

　그것이 이윤이 아니라는 것은 고대인들도 알고 있었다. 그래서 익시온[62]의 형태로 그것을 표현했다. 구름이 비의 원천이듯, 자본은 부의 머리나 원천이기 때문이다. 하지만 구름 속에 물이 없어서 구름만 낳을 뿐이라면, 그 구름은 결국 비 대신에 분노만 뿌리고, 수확 대신에 번개만 낳는다. 익시온은 잔치에 손님들을 초대해놓고,

---

62) 익시온(Ixion) ; 그리스 신화에 나오는 라피타이의 왕으로 탄탈로스와 마찬가지로 신들의 연회에 초대받아 간 사람이었다. 거기서 익시온은 헤라의 미모에 반해 헤라에게 흑심을 품었다. 제우스가 그를 떠보려고 구름으로 헤라의 형상을 만들어 가까이 가게 했더니 익시온은 그 구름을 헤라로 착각하여 헤라를 덮쳤다. 그 구름과 익시온 사이에서 켄타우로스가 태어났는데, 이에 크게 노한 제우스는 익시온을 바로 지옥에 떨어뜨리고 영원히 멈추지 않는 수레바퀴에 매달아버렸다. ―옮긴이 주.

존 버니안(John Bunyan; 1628－88)의 종교소설 『천로역정』(天路歷程, Pilgrim's Progress; 1678) 제1부에 나오는 '데마의 은광'(Demas' silver mine). 데마라는 자는 은광이 있는 낮은 언덕(탐욕을 상징)으로 지나가는 사람들을 유혹하여 다가오도록 한 다음 구덩이에 빠져 죽게 했다.

그런 다음 불구덩이에 떨어뜨렸다고 한다. 이 잔치는 결과적으로 감옥의 고통과 (데마의 은광 같은) 갱 속의 고통을 낳는 부의 유혹이며, 그 후 부에 대한 열광은 쾌락에 대한 욕망에서 권력, 그것도 진실로 이해하지 못하는 권력에 대한 욕망으로 옮겨간다는 것을 보여주는 것이다. 결국 익시온은 헤라 여신을 탐냈다가 그녀 대신에 구름(또는 환영)과 관계를 맺고 켄타우로스[63]를 낳았다고 한다.

---

63) Centaurus; 그리스 신화에 나오는 반인반마(伴人半馬). —옮긴이 주.

단순한 부의 힘 자체는 그림자를 껴안는 것처럼 아무런 위안도 주지 않기 때문에 그렇다("에브라임Ephraim은 바람을 먹으며 동풍을 따라 가서"[64]라고 한 것도, "네가 어찌 허무한 것에 주목하겠느냐."[65]라고 한 것도, 탐욕스러운 사기꾼의 전형인 단테의 게리온Geryon이 날면서 발톱을 오므렸다 펴 공기를 모으고 "발로 공기를 모았다."l'aer a se raccolse[66]고 한 것도 모두 그렇다.). 하지만 익시온의 손들에게는 인간성과 야수성이 섞여 있다. 그들은 지성과 화살을 둘 다 쓸 수 있고 총명하다는 점에서는 인간적이다. 하지만 사람을 잡아먹고 짓밟기

---

64) 『호세아서』 제12장 1절 참조. "에브라임은 바람을 먹으며 동풍을 따라가서 날마다 거짓과 포학을 더하며 앗수르와 계약을 맺고 기름을 애굽에 보내도다." ─옮긴이 주.

65) 『잠언』 제23장 5절 참조. "네가 어찌 허무한 것에 주목하겠느냐 정녕히 재물은 스스로 날개를 내어 하늘을 나는 독수리처럼 날아가리라." ─옮긴이 주.

66) 이전에 인용한 '되'를 가진 여인들의 환상에서도 또한 "그 날개가 바람을 품다."이다. 다만 그 날개는 우리의 『흠정역 성서』에 나오는 것처럼 '황새'의 날개가 아니라 『불가타 성서』(Vulgate)에 나오는 '연'(miivi)의 날개, 또는 그보다 더 정확하게 말하면 『셉투아긴트』(Septuagint)에 나오는 '호포이'(hoopoe)라는 새의 날개다. 수많은 전설에 따르면, 이 새는 전형적으로 재력과 관련되어 있는데, 그 전설 가운데 가장 흥미로운 것은 아마 호포이가 황금 볏을 원했다는 대목일 것이다. 새들이 주인공인 아리스토파네스의 희곡 『새들』(Birds)에는 그 전설이 많이 나온다. 특히 제1권 550행에 나오는 "바빌론처럼 구운 벽돌로 공중에 요새를 쌓는다."는 데 주목해보자. 그리고 그것을 다시 단테의 플루토스와 비교해보라. 플루토스는 (부가 이성을 파괴하는 데 미치는 영향력을 보여주기 위해) 지옥의 실력자들 가운데 남들이 알아듣게 말하지 못하는 유일한 인물이며, 또한 가장 겁이 많다. 그는 억눌려 있을 뿐만 아니라 문자 그대로 '쓰러져버린다.' 갑작스럽고 어찌 할 수가 없는 상업 공황 작용은 "바람으로 부풀어 오른 돛들이 돛대가 부러지면서 함께 떨어지는 듯하다."라는 짧막한 비유에 전부 표현되어 있다.
    * 『흠정역 성서』는 1611년에 영국 제임스 1세 때 47명의 학자들이 영어로 번역한 성서로 '킹 제임스 성경'이라고도 부른다. '일반에게 널리 보급되고 있다'는 뜻의 라틴어 editio vulgata에서 유래된 『불가타 성서』는 382년 교황 다마소(Damasus, 다마수스)의 명을 받아 성 히에로무니스(St. Jerome Hieronymus, 에로니모)가 라틴어로 편찬한 가톨릭 성서. 『셉투아긴트』는 기원전 300년 경 70명의 학자가 알렉산드리아에 모여 히브리어 구약성서를 그리스어로 번역한 것으로, 지금도 그리스정교회에서 쓰인다. 『칠십인역』(七十人譯)이라고도 한다. ─옮긴이 주.

때문에 몸과 발굽은 야수적이다. 이런 죄로 인해 익시온은 결국 영원히 공중에서 도는 톱니 모양의 불타는 수레바퀴에 묶여 있다. 이것은 인간의 노동이 이기적이고 열매를 맺지 못할 때의 전형이다.(이러한 비유는 중세까지도 운명의 수레바퀴라는 표현으로 계속되어 왔다.) 이 수레바퀴에는 생명도 기력도 없고, 그저 우연히 회전하고 있을 뿐이다. 반면에 에스겔이 본 환상은 모든 진실한 것 중에서도 진실한 것을 말하고 있다. 생물의 영(靈)은 수레바퀴 속에 있어서, 천사들이 나아가면 바퀴들도 그 곁에서 함께 따라가지만, 그렇지 않으면 바퀴들은 결코 움직이지 않는다.[67]

이것이 자본의 진정한 본질이기 때문에, 그 결과 활동적인 국가에서는 언제나 두 종류의 진정한 생산이, 즉 종자 생산과 식량 생산이 이루어진다. 이는 '땅'을 위한 생산과 '입'을 위한 생산이다. 탐욕스러운 사람들은 이 두 가지가 오로지 곡창을 위한 생산이라고 생각한다. 그러나 곡창의 기능은 곡식을 보관하고 중개만 할 뿐이고, 곡식의 분배를 통해서 그 기능을 완수한다. 그렇지 않으면 곡식은 결국 곰팡이가 피고, 쥐와 벌레의 먹이가 될 뿐이다. 땅을 위한 생

---

[67] 『에스겔서』 제10장 16~17 참조. "그 바퀴의 형상과 구조를 보니 그 형상은 빛나는 녹주석과 같고 네 바퀴의 형상이 모두 똑같으며 그 구조는 마치 바퀴 안에 바퀴가 들어 있는 것처럼, 그 바퀴들은 사방 어디로 가든지 방향을 돌이키지 않고서도 앞으로 나아갔다." —옮긴이 주.

산도 장래 수확을 기대할 때 비로소 유용하므로, 모든 생산은 본질적으로 '입'을 위한 것이고, 결국에는 입에 의해 평가된다. 따라서 앞에서도 말했듯이, 소비는 생산의 정점이고, 한 나라의 부는 오로지 국민의 소비로만 평가될 수 있다.

이런 사실을 분명히 보지 못하는 것은 중대한 잘못이고, 경제학자들이 온갖 오류를 저지르는 이유도 바로 여기에 있다. 그들은 언제나 마음을 금전적 이득에만 쏟으며 국민의 이득에는 쏟지 않는다. 그들은 새들이 새 사냥 거울에 현혹되듯 반짝이는 금화에 현혹되어 온갖 그물과 함정에 빠져든다. 아니, 그들은 오히려 (그 점을 제외하면 그들은 새들과 다를 바 없으니까) 제 그림자의 머리를 밟으려는 아이들과 똑같다. 금전적 이득은 진정한 이득인 인간애(人間愛)의 그림자일 뿐이기 때문이다.

따라서 경제학의 궁극적인 목적은 좋은 소비 방법을 터득하고 대량 소비에 이르는 것이다. 달리 말해서, 모든 것들을 이용하고, 또 나아가 고귀하게 이용하는 것이다. 이용되는 것이 물질이든 서비스이든, 또는 물질을 완전하게 만드는 서비스이든 관계없다. 밀의 『경제학 원리』 전체에서 가장 불가사의한(원래 리카도가 그에게 제공했던) 오류는 밀이 직접적인 서비스와 간접적인 서비스를 구별하려고 했던 점, 그 결과 상품에 대한 수요는 노동에 대한 수요가 아니라고 단정한 점이다(제1권 제5장 제9절 이하). 밀은 유원지를 만들기 위해 고용된 노동자와 벨벳을 만드는 노동자를 구별하고, 자본가가 이 두 가지 중 어느 쪽에 돈을 쓰느냐에 따라 노동계급에 실질적인 차이가 생긴다고 선언한다. 정원사를 고용하는 것은 노동에 대한 수요지만 벨벳을 사는 것은 그렇지 않기 때문이라고 한다.[68] 이것은 참으로 해괴망측하고 터무니없는 오류다. 물론 우리가 노동자에게 봄바람을 맞으며 낫을 휘두르라고 명령하느냐 아니면 유해한 공기 속에서 방직기를 돌리라고 명령하느냐가 노동자에게 영향을 미칠 것은 분명하다. 하지만 우리가 그에게 씨앗과 낫으로 초록색 벨벳을 만들라고 명령하든 실크와 가위로 붉은색 벨벳을 만들라고 명령하든 노동자의 주머니에는 아무런 차이가 없다. 또한 벨벳이 완성되었을 때, 소비자인 우리가 그 위를 걸어 다니든 옷으로 만들

---

[68] 사실 원료의 가치는 노동의 대가에서 공제되어야 하지만, 그것은 지금 인용한 대목에서는 고려되지 않았다. 임금 지불이 중개자에게 미치는 부수적 결과를 추적한 것만으로도 밀은 이미 실수를 저질렀기 때문이다. 밀은 "소비자는 자기 자본을 가지고 직물공에게 일당을 지불하는 게 아니다."라고 말한다. 미안하게도 그 말은 틀렸다. 벨벳 소비자는 정원사에게 대가를 지불하듯이 자기 돈으로 직물공의 임금을 지불한다. 아마도 그는 중간에 있는 사람들—선주, 벨벳 상인, 소매점주—에게도 돈을 지불할 것이다. 즉 운임이나 가게임대료, 손해배상금, 대출금, 관리비 등을 지불하는 것이다. 이 모든 경비는 벨벳 가격에 포함된다(수석 정원사의 임금이 목초 가격에 포함되는 것과 마찬가지다.). 벨벳 소비자가 벨벳이 생산된 지 6개월 뒤에야 그 대가를 지불한다 쳐도, 벨벳은 역시 소비자의 자본으로 생산된 것이다. 마찬가지로 월요일에 땅을 고르고 풀을 벤 정원사에게 토요일 오후까지 임금을 지불하지 않더라도 그 목초 역시 고용주의 자본으로 생산된 것이다. "자본은 없으면 안 되지만 구매자는 없어도 된다."(98쪽)는 밀의 결론이 지금까지 런던에서 대규모로 실행된 적이 있었는지 나는 모르겠다.

어 입든 노동자와는 전혀 무관하다. 우리가 그것을 이기적으로 소비하는 한, 어떻게 소비하든 노동자는 상관할 일이 아니다. 하지만 우리의 소비가 조금이라도 비이기적이라면, 우리가 요구하는 물품을 소비하는 방법뿐만 아니라 우리가 소비하기 위해 요구하는 물품의 종류도 노동자와 관련이 있다. (밀의 유명한 철기론으로 잠깐 돌아가면)[69] 내가 복숭아를 재배하기 위해 그를 고용하든 폭탄을 제조하기 위해 고용하든 노동자의 직접적인 이익과는 아무런 상관이 없다. 하지만 내가 그런 물품을 소비하는 방식은 매우 중요하다. 두 가지 소비가 모두 '비이기적'이라면, 노동자의 아이가 병에 걸렸을 때 내가 그의 허름한 집을 찾아가 병든 아이한테 복숭아를 주느냐, 아니면 굴뚝으로 폭탄을 떨어뜨려 그 집 지붕을 날려버리느냐는 노동자에게 천양지차일 것이다.

농부에게 가장 나쁜 점은, 자본가의 복숭아 소비는 이기적인 경향이 있고 폭탄 소비는 분배적인 경향[70]이 있다는 것이다. 하지만 정당한 교환적 상업의 원칙에 따라 폭탄이 자신의 운명을 완수하기 위해서는 '누군가'의 지붕이 날아가야 한다는 것이 어떤 경우에

---

69) 이 철기론(鐵器論)은 지금 고찰하고 있는 벨벳론과는 정반대라는 점에 유의하라. 철기론에 따르면 정원사를 해고하고 직물공을 고용해야 하지만, 벨벳론에 따르면 직물공을 해고하고 정원사를 고용해야 한다.

나 보편적인 사실이다. 여러분이 이웃을 위해 포도를 재배하든지 포도탄을 만들든지 하는 것은 여러분의 자유다. 그러면 이웃도 교환적으로 여러분을 위해 포도를 재배하거나 포도탄을 만들 것이다. 그리고 여러분과 이웃은 각자 뿌린 대로 거둬들일 것이다.[71]

그러므로 소비의 방식과 그 결과야말로 생산의 진정한 시금석이다. 생산은 공들여 만든 물건이 아니라 유용하게 소비할 수 있는 물건을 의미한다. 국가에 중요한 문제는 국가가 얼마나 많은 노동자를 고용하느냐가 아니라 얼마나 많은 생명을 생산하느냐 하는 것이다. 소비가 생산의 결과이자 목적인 것과 마찬가지로 생명은 소비

---

70) 불의의 전쟁을 지원하는 것이 전적으로 자본가들의 부라는 것은, 유럽에서 부의 다양한 작용 중에서도 아주 두려운 형태다. 정의의 전쟁을 지원하는 데에는 그리 많은 돈이 들지 않는다. 정의의 전쟁을 수행하는 사람들은 대부분 무보수로 싸우기 때문이다. 하지만 불의의 전쟁을 치르려면 사람들의 몸과 마음을 함께 사들일 필요가 있다. 그들에게 줄 최고의 무기도 사들여야 한다. 그래서 불의의 전쟁 비용은 최대치로 올라간다. 국민 대다수가 품위도 없고 정직하지도 못해서 한 시간도 마음의 평화를 누릴 수 없는 나라들끼리 서로 두려워하고 화내고 의심하는 데 드는 비용은 말할 것도 없다. 예를 들면 현재 영국과 프랑스는 서로에 대한 경악을 사들이는 데 매번 1천만 파운드씩 든다(반은 반목이라는 가시밭에서, 반은 비겁이라는 사시나무 잎에서 생기는 너무도 빈약한 수확물—경악—은 진리 대신 탐욕을 가르치는 근대 경제학이라는 '학문'에 의해서 파종되고 수확된 다음 저장된다.). 그리고 불의의 전쟁을 지원하려면, 적을 약탈해서 비용을 조달하지 못하면 자본가에게 돈을 빌려야만 한다. 그리고 그 빚은 나중에 국민의 세금으로 갚는다. 전쟁의 주원인은 자본가들의 의지이며, 국민은 전쟁을 치를 의향이 전혀 없는 것처럼 보인다. 하지만 전쟁의 진정한 원인은 전 국민의 탐욕이다. 이 탐욕 때문에 국민은 믿음도 솔직함도 정의로움도 없기 때문에 때가 되면 각자 손해를 분담하고 각자 벌을 받는다.

71) 『갈라디아서』 제6장 7절을 참조. "스스로 속이지 말라 하나님은 업신여김을 받지 아니하시나니 사람이 무엇으로 심든지 그대로 거두리라." —옮긴이 주.

의 결과이자 목적이기 때문이다.

나는 두 달 전에 이 문제를 독자들의 생각에 맡겨두었다. 내가 직접 말하는 것보다 독자들 스스로 문제를 해결하기 바랐기 때문이다. 하지만 이제 땅을 충분히 갈아놓았으니까(여기에 제시된 여러 가지 문제들을 계속 따져들면 세부사항으로 들어갈 게 뻔하다. 하지만 여기서 논하는 것은 너무나 복잡하기 때문에 나중에 다른 지면에서 논할 수밖에 없다.), 이 서설적 논문을 마치면서 한 가지 중요한 사실을 분명히 해두고자 한다. 그것은 "생명 없이는 어떤 부도 있을 수 없다."THERE IS NO WEALTH BUT LIFE는 것이다. 이 생명에는 사랑과 기쁨과 찬탄의 힘이 모두 포함되어 있다. 가장 부유한 나라는 최대 다수의 고귀하고 행복한 사람을 육성하는 나라이고, 가장 부유한 사람은 자신의 생명의 기능을 최대한 완벽하게 발휘하여 그 인격과 재산으로 다른 사람들의 생명에 유익한 영향을 최대한 널리 미치는 사람이다.

이상한 경제학이라고 생각할지 모르나, 사실 이것은 지금까지 존재한 유일한 경제학이기에 앞으로 다른 경제학은 있을 수 없다. 사리사욕에[72] 바탕을 둔 모든 경제학들은 한때 천사들의 정치에 분열을 가져오고 천상의 경제에 파탄을 초래한 경제학의 실현에 지나지 않는다.

"최대 다수의 고귀하고 행복한 사람을 양성하는 나라"라고 말했지만, '고귀함'은 '다수'와 양립할 수 있을까? 그렇다. 그것은 모순되지 않을뿐더러 양립하는 데 필수조건이다. 최대한의 생명은 최대한의 미덕을 통해서만 도달할 수 있다. 이런 관점에서 볼 때, 인구를 지배하는 법칙은 동물의 생명을 지배하는 법칙과 완전히 다르다. 동물의 번식을 억제하는 것은 먹이 부족과 종들 간의 적대행위뿐이다. 하루살이의 수는 제비의 식욕으로 억제되고, 제비의 수는 하루살이의 부족으로 억제된다. 인간도 하나의 동물로 생각한다면, 인구도 이와 같은 법칙의 지배를 받는다. 기아나 전염병이나 전쟁은 인구 증가에 대한 필연적이고 유일한 억제 방법이었고, 지금까지는 효과적이기도 했다. 인간의 주된 연구가 지금까지 어떻게 하면 가장 빨리 자기를 파괴하느냐 또는 자신의 주거지를 황폐시키느냐에 매달려 왔고, 기아를 널리 퍼뜨리고 전염병의 씨를 뿌리고 무력을 발휘하는 데 최고의 기술을 사용해왔기 때문이다. 하지만 인간을 동물과는 다른 존재로 생각하면, 인구 증가는 이런 법칙의 지배를 받지 않는다. 단지 용기와 사랑의 한계에 제약을 받고 있을 뿐이다. 인간의 용기와 사랑에는 한계가 있고, 마땅히 그래야 할 것이다. 인류

---

72) "가격에 대한 모든 문제들을 논할 때는 '모든 당사자가 각자 자기 이익을 염두에 둔다면'이라는 단서가 생략되어 있다고 이해해야 한다." (존 스튜어트 밀의 『경제학 원리』 제3권 제1장 제5절)

에게도 한계가 있고, 또 있어야만 한다. 그러나 인류는 아직 한계에 도달하지 않았으며, 앞으로도 오랫동안 도달하지 않을 것이다.

모든 인간의 사상들 가운데 인구 문제에 관한 경제학자들의 견해 처럼 우울한 것은 없다. 노동자의 처지를 개선하기 위해 임금을 좀 올리자고 하면 경제학자들은 이렇게 답한다. : "안 돼. 노동자의 임금을 올리면 그들은 자식을 줄줄이 낳아 결국 원래와 같은 비참한 상태로 돌아가거나, 아니면 그 임금을 술값으로 탕진해버릴 것이다." 물론 그럴 것이다. 나도 그걸 알고 있다. 하지만 누가 노동자를 그렇게 만들었을까? 당신이 말한 노동자가 당신의 아들이라고 한번 생각해 보자. 그래서 당신이 아들을 고용해서 임금을 주면 아들이 그 돈으로 코가 삐뚤어지도록 술을 퍼마시거나 많은 자식을 남겨서 교구에 폐를 끼칠 것이기 때문에 고용하지 않거나 정당한 임금을 주지 않겠다고 선언한다고 치자. 그러면 나는 이렇게 물을 것이다.

"당신 아들에게 그런 기질을 준 사람은 누구인가?" 당신 아들은 그 기질을 유전적으로 얻었든, 교육을 통해 얻었든, 분명 둘 중 하나를 통해 얻었을 것이다. 가난한 사람들의 경우도 마찬가지다. 빈민은 본질적으로 우리와 다른 인종이라서 구제불능한 존재이거나 (이런 생각은 때로 암시되는 경우는 많지만, 대놓고 그렇게 말하는 것을 들은 적이 없다.) 또는 우리가 받아온 것과 같이 관심을 두면 그들도 우리처럼 자제하고 술독에 빠지지 않는 ─ 현명하고 냉철하여 흉내 내기 어려운 모범적인 인물이 될 것이다. 하지만 "그들은 교육을 받을 수 없다."는 대답이 돌아온다. 왜 안 되는가?

바로 그것이 쟁점이다. 자비로운 사람들은 사람들에게 식량을 주지 않는 것이 부자의 가장 큰 잘못이라고 여긴다. 그리고 사람들도 부자의 속임수 때문에 돌려받지 못한 식량을 달라고 '만군의 주'the Lord of Multitudes[73]에게 호소한다. 아! 식량을 주지 않는 것

---

73) 『야고보서』(James) 제5장 4절을 보라. 이렇게 말했다 해도 나는 재산 분배라는 사회주의의 통설을 전혀 용납지 않고, 찬성하지도 않는다. 재산의 분배는 재산의 파괴다. 동시에 모든 희망과 모든 근면과 모든 정의의 파괴나 다름없다. 그것은 그저 혼돈일 뿐이다. 근대 경제학 신자들은 빠른 속도로 그 혼돈을 향해 나아가고 있고, 나는 그들을 구하려고 애쓰고 있다. 빈자가 식량을 얻지 못하는 것은 부자가 자신의 부를 붙들고 놓지 않기 때문이 아니라, 그것을 비열하게 쓰기 때문이다. 부는 힘의 한 형태이다. 힘센 자가 남에게 해를 끼치는 것은 힘이 있기 때문이 아니라 그 힘을 해롭게 사용하기 때문이다. 사회주의자는 강자가 약자를 억압하는 것을 보고 "저 강자의 팔을 부러뜨려라."고 외친다. 하지만 나는 "그것을 보다 나은 목적에 쓰도록 가르쳐라."고 말한다. 부를 얻는 것은 용기와 지성이다. 인간에게 그것들을 준 신의 의도는 부를 낭비하거나 남에게 나누어주라는 것이 아니라 그 부를 이용해 인류에게 봉사하라는 것이다. 즉 잘못에 빠진 자들을 구해주고 약자를 도와주라는 것이다. 우선 돈을 벌기 위해 일해야 하고, 그 다음에 그 돈을 쓰는 안식일(Sabbath)이 있다[구약 「창세기」 제2장 제2절·제3절 참조. ─옮긴이 주]. 안식일의 계율은 생명을 죽이는 것이 아니라 구하는 것이다. [신약 「마가복음」 제3장 제4절 참조. ─옮긴이 주] 가난한 사람이 가난한 것은 늘 그들 자신의 잘못이나 어리석음 때문이다. 아이가 연못에 빠지는 것은 늘 그 아이의 잘못이고, 절름발이가 횡단보도에서 미끄러지는 것은 늘 그 자신의 약점 때문인 것과 마찬가지다. 그래도 대부분의 행인들은 아이를 연못에서 끌어내고 절름발이를 일으켜준다. 최악의 경우를 가정하여, 이 세상 가난한 사람들은 모두 말을 듣지 않는 어린애나 부주의한 절름발이 같은 자들뿐이고, 부자는 모두 현명하고 강한 자들이라고 치자. 그러면 모든 사람들을 자기처럼 가난하고 힘없고 어리석게 만들려는 사회주의자도 틀렸고, 구렁텅이에 빠진 아이를 돌보지 않는 부자도 옳지 않다는 것을 당장 알게 될 것이다.

이 가장 잔혹한 거절도 아니고, 식량을 달라는 것이 가장 타당한 요구도 아니다. 생명은 식량보다 중하다.[74] 부자는 빈자에게 식량만 거절하고 있는 게 아니다. 지혜도, 미덕도, 구원도 거절하고 있다. 너희 목자 없는 양떼여[75], 너희가 들어가지 못하는 곳은 목장이 아니라 신의 면전이다. 식량! 그에 대한 권리를 주장할 수 있을지도 모르지만, 그보다 먼저 주장해야 할 권리가 있다. 하고 싶으면 식탁에서 그대 몫의 빵을 요구해도 좋다. 하지만 그 요구는 사람의 자식처럼 해야지 개처럼 해서는 안 된다. 먹고살 권리를 주장해야 하지만, 그보다 소리 높여 주장해야 할 것은 성스럽고 완전하고 순수해질 권리이다.

노동자에 대해서는 이상한 낱말이 사용되었다. "뭐, 신성하다고! 긴 사제복도 입지 않고 성별(聖別)의 기름으로 안수도 받지 않은, 누더기를 입고 상스런 말을 내뱉는, 이름도 없이 천박한 일을 하는 자들이? 완벽하다고! 침침한 눈에 팔다리가 오그라들고 마음도 덜

---

74) 『마태복음』 제6장 25절 참조. "그러므로 내가 너희에게 이르노니 목숨을 위하여 무엇을 먹을까 무엇을 마실까 몸을 위하여 무엇을 입을까 염려하지 말라 목숨이 음식보다 중하지 아니하며 몸이 의복보다 중하지 아니하냐." —옮긴이 주.

75) 『민수기』 제27장 17절 참조. 모세가 여호와에게 한 말. "그들의 앞장을 서서 드나들 사람, 그들을 이끌고 나가고 이끌고 들어올 사람을 세워주십시오. 여호와의 회중을 목자 없는 양떼처럼 버려두지 마십시오." —옮긴이 주.

열린 자들이? 순수하다고! 음탕하고 비굴한 생각밖에 없고 냄새나는 몸뚱이에 영혼도 찌들어 있는 자들이?" 그럴지도 모른다. 하지만 지금 이 땅에서 가장 신성하고 완벽하며 순수한 사람들이 바로 당신네들이 말하는 그런 사람일지도 모른다. 그렇다 치더라도 그들은 여전히 그들을 그런 상태로 내버려둔 우리보다 훨씬 더 신성하다.

하지만 그들을 위해서 우리는 무엇을 할 수 있는가? 그 많은 사람들을 누가 입히고 가르치고 자제시킬 수 있겠는가? 서로가 서로를 딛고서는 것 이외에 그들에게 결국 어떤 결말이 존재할 수 있겠는가?

나는 경제학자들이 인구 과잉 문제를 해결하기 위해 흔히 제안하는 대책도 아닌 세 가지 대책과는 다른 결말을 기대한다.

그 세 가지 대책이란 다름 아닌 식민지 건설과 황무지 개발과 결혼 억제이다.

이 세 가지 대책들 중 첫 번째와 두 번째는 단순히 문제를 회피하거나 미룰 뿐이다. 사실 세상을 모두 식민지로 만들고 황무지를 모두 개발하려면 오랜 세월이 걸릴 것이다. 하지만 근본적인 문제는 사람들이 살 수 있는 땅이 세계에 얼마나 많이 있느냐가 아니라, 사람이 살 수 있는 일정한 면적의 땅에서 얼마나 많은 사람들이 생계를 유지해야 하느냐 하는 것이다.

나는 얼마나 많은 사람들이 생계를 '유지할 수 있느냐'가 아니라 '유지해야 하느냐'고 말한 것에 유의해주기 바란다. 리카도는 평소와 마찬가지로 부정확하게 "자연스러운 임금률"이란 "노동자를 부양할 수 있는 임금률"이라고 말한다. 노동자를 부양한다고? 좋다. 하지만 어떻게?—이것은 내가 리카도의 이 대목을 읽어주었을 때 한 여공이 즉시 나한테 던진 질문이었다. 그 여공을 대신해서 내가 그 질문을 덧붙여보겠다. "노동자를 어떻게 부양한단 말인가?" 먼저 수명은? 부양받는 일정한 수의 사람들 가운데 나이 든 사람은 얼마나 되고 젊은 사람은 얼마나 되는가? 다시 말해서 그들을 젊어서 죽도록—즉 병약하거나 못 먹어서 어린애들까지 포함해서 평균 30내지 35세에 죽도록 부양비를 조정하겠는가? 아니면 그들이 천수를 누릴 수 있도록 부양비를 조정하겠는가. 첫 번째 경우에는 세대교체가 빨리 이루어져 훨씬 많은 사람을 부양하게 될 것이다.[76] 두

---

76) 생명의 양은 양쪽 다 같지만, 다르게 할당된다.

번째 경우에는 아마도 더 행복한 사람들을 부양하게 될 것이다. 리카도는 어느 경우를 자연스러운 상태로 간주하고, 또 자연스러운 임금률은 어느 상태에 속한다고 생각할까?

또 게으르고 무지하며 헤픈 사람이라면 10명밖에 부양할 수 없는 땅이라도 총명하고 부지런한 사람이라면 30명에서 40명까지 부양할 수 있다고 치자. 그렇다면 이 가운데 어느 쪽이 자연스러운 상태이고, 자연스러운 임금률은 어느 상태에 속하는가?

또 일정한 면적의 땅이 부지런하지만 무지한 사람 40명을 부양할 경우, 이러한 무지에 진절머리 친 그들이 열 명을 뽑아 원뿔형의 속성이나 별들의 크기 같은 것을 연구하도록 했다면, 땅을 떠난 이 열 명의 노동은 어떤 전이(轉移) 방식으로로든지 식량 증가에 이바지해야 한다. 그렇지 않으면 별이나 원뿔형을 연구하기 위해 뽑힌 사람들은 굶어 죽거나, 다른 사람들이 그들 대신 굶어 죽을 것이다. 따라서 학문을 연구하는 사람들의 자연스러운 임금률은 어느 정도이며, 이 임금률은 식량으로 전환되고 이전되는 생산성에 얼마나 관계되고 걸맞은 것일까?

또 그 땅이 처음에는 40명의 노동자를 평화롭고 경건한 마음가

짐으로 부양하고 있었지만, 몇 년 후 그들이 늘 다투고 경건하지도 않았기 때문에, 다툼을 중재하고 해결하기 위해 다섯 명을 선별해야만 했고, 그 5명의 판결을 집행하기 위해 다시 10명을 뽑아 값비싼 무기로 중무장 시켜야만 했으며, 또 모든 사람들에게 신의 존재를 설득력 있게 각인시켜줄 5명을 선별해야만 했다면, 이것은 전체적인 생산력에 어떤 결과를 초래할까? 그리고 분쟁을 중재하고 완력을 행사하며 신의 말씀을 전하는 노동자들의 '자연스러운 임금률'은 과연 무엇일까?

이런 문제들을 가지고 논의할 것인지 철회할 것인지는 리카도의 제자들이 알아서 하라고 하고, 나는 개연성 있는 노동계급의 장래와 관련된 주요 실태들을 논하겠다. 이것들은 밀이 부분적으로나마 살펴온 문제이기도 하다. 밀은 그 장(章)[77]과 그 앞 장에서 경제학자들의 평범한 저술과는 달리 자연 환경의 가치를 어느 정도 인정하고, 자연 경관이 훼손될 가능성에 유감을 표하고 있다. 하지만 이 점에 대해서는 안심해도 될 것 같다. 인간은 수증기를 마실 수도 없고 돌을 먹을 수도 없다. 일정한 면적의 땅에서 살아갈 수 있는 최대한의 인구는 인간이나 가축이 먹을 수 있는 상대적 최대한의 식

---

77) 『경제학원리』 제4권 6장을 말한다. ─옮긴이 주.

용 식물을 의미하고, 이는 곧 최대한의 맑은 공기와 깨끗한 물을 의미한다. 따라서 그것은 공기를 정화시켜주는 최대한의 숲과, 그 위에 덮인 풀로 뜨거운 태양열을 막아주고 강에 물을 대주는 최대한의 비탈진 땅을 의미한다. 우리 영국은 마음만 먹으면 나라 전체가 하나의 공업도시가 될 수도 있을 것이다.

그리고 영국인은 인류 전체를 위해 스스로를 희생하고 소음과 어둠과 유해가스의 한복판에서 비참하게 살아갈지도 모른다. 그러나 온 세계가 하나의 공장이나 광산이 될 수는 없다. 아무리 머리를 쥐어짜도 쇠를 수백만 명이 소화할 수 있게 만들 수 없고, 수소를 포도주 대신 마실 수도 없다. 인간은 자신의 탐욕이나 분노를 먹고 살 수도 없다. 소돔의 사과the apple of Sodom에서 나온 잿가루로 산해진미를 차리고, 고모라의 포도the grape of Gomorrah[78]에서 나온 독액으로 감로주를 담가 잠시 식탁을 꾸밀 수 있을지도 모른다. 그러나 사람들이 빵으로 사는 이상, 저 멀리 골짜기들은 신이 내린 황금에 덮여 환한 웃음을 지을 것이고, 그의 행복한 백성들의 환호성이 술통과 우물 주위에 울려 퍼질 것이다.

---

78) '실망의 근원'이나 '헛된 기쁨'을 상징한다. 사자성어로는 華而不實(화이부실; 겉은 화려하나 실속이 없음)이라는 뜻이다. 소돔의 사과는 『창세기』 제19장 24~28절, 고모라의 포도는 『신 명기』 제32장 32절을 참조. —옮긴이 주.

감상적인 경제학자들도 획일적인 기계농업의 방식이 지나치게 확산되는 것을 걱정할 필요는 없다. 현명한 사람들이 있기 때문에 그들은 식량뿐만 아니라 복지도 추구할 것이기 때문이다. 지구상에서 사람이 살 수 있는 땅을 '누릴' 만한 지혜가 없으면 어떤 인구도 최대한에 도달할 수 없다. 황무지도 나름의 위치와 임무가 있다. 황무지는 영구동력 기관이다. 그것의 레버는 지축이고, 그것의 박자는 1년이며, 그것의 숨결은 대양이다. 부서지지 않는 단단한 암석으로 덮인 황량한 왕국은 막을 수 없는 모래에 휩쓸린다. 그래도 영원한 엔진은 여전히 차디찬 서리와 뜨거운 불의 힘을 그 황량한 왕국들에 오만을 부리며 나누어줄 것이다. 하지만 사람이 거주할 수 있는 그 중간 지대야말로 사람 살기에 가장 아름다운 땅일 것이다.

마음의 소망은 또한 눈의 빛이기도 하다. 변함없이 사랑받는 풍광은 즐거운 인간의 보람찬 노동으로 풍요로워진 것일 뿐이다. 평탄한 들판, 산뜻한 정원, 열매가 주렁주렁한 과수원, 깔끔하게 정리되고 즐겁고 안락한 집, 활기찬 목소리가 울려 퍼지는 곳을 보라. 침묵이 흐르는 곳은 달콤하지 않은 법이다. 새들이 지저귀는 소리, 벌레들이 찌르르 우는 소리, 사내들의 굵고 낮은 목소리, 떠쓰는 아이들의 고음―이 많은 소리들이 낮은 속삭임으로 충만할 때야 비로

소 달콤하다. 생활의 기술을 배우면 아름다운 것들 모두가 필수적이라는 사실을 알게 될 것이다. 사람이 재배한 곡식만이 아니라 길가의 들꽃도 필요하고, 기르는 가축만이 아니라 숲속의 들새와 들짐승들도 필요하다. 인간은 빵만으로 사는 게 아니라, 광야의 만나 manna[79]로도 살며, 신의 불가사의한 말씀으로도 살고 신의 불가지한 역사로도 살기 때문에 그렇다. 그래서 그가 그것들을 알지 못했고 선조들도 알지 못했다는 사실에서 행복을 느끼고, 자신의 존재의 경이로움이 자기 주위로 무한정 펼쳐져 있다는 사실에서 행복을 느낄 것이다.

마지막으로 주의해야 할 것이 있다. 그것은 다름이 아니라 이 진정한 인류의 행복을 향해 효과적으로 나아가려면 공적인 노력이 아니라 각 개인의 노력이 필요하다는 점이다. 어떤 전반적인 조치가 그런 진보에 도움이 될 수도 있고, 어떤 개정된 법률이 그것을 이끌지도 모른다. 하지만 먼저 정해져야 하는 조치와 법률은 각자 가정의 그것들이다. 명망 있는 자들이 불평하는(대개 자신들보다 사회적으로 불우한) 이웃에게 "신의 섭리에 따른 처지에 만족해야 한다."고 충고하는 것을 우리는 끊임없이 듣는다. 물론 삶의 여러 가지 상황

---

79) 이스라엘 백성들이 광야를 헤맬 때 신이 내린 음식이다. —옮긴이 주.

들 중에는 신이 사람들을 만족시킬 의향이 전혀 없는 경우도 있다. 그렇지만 이 교훈은 대체로 적절하고, 특히 가정에서 좌우명으로 쓰기에 적절하다. 당신의 이웃이 자신의 처지에 만족하든 말든 그것은 당신이 왈가왈부할 일이 아니다. 하지만 당신이 자신의 처지에 만족하고 있는지는 당신에게 매우 중요하다. 오늘날 영국에서 가장 필요한 것은 탄탄하고 잘 관리된 자산을 가지고 있으며, 소박하고 겸손하고 부지런한 생활을 하면 과연 얼마나 즐거움을 얻을 수 있는지를 보여주는 것이다. 우리에게 필요한 인물의 본보기는, 세상에서의 출세 여부는 하늘에 맡기고, 자기는 세상을 행복하게 살아가기로 마음먹고, 더 많은 부가 아니라 더 소박한 즐거움을, 더 높은 지위가 아니라 더 깊은 행복을 추구하기로 마음먹고, 평정심을 제일의 재산으로 삼으며, 화평(和平)에 대한 무해한 자부심과 평온한 추구를 명예롭게 여기는 사람들이다.

그런 온유한 평화에 대해서는 "정의와 평화가 서로 입을 맞추었다."[80]고 되어 있고, 정의의 열매에 대해서는 "평화롭게 하는 자들의

---

80) 『시편』 제85편 10절을 참조. "인애와 진리가 같이 만나고 의와 화평이 서로 입 맞추었으며"
―옮긴이 주.

평화를 도구삼아 그 씨를 심는다."[81]고 되어 있다. 여기서 '평화롭게 하는make peace 자'는 흔히 말하는 '중재자'peace-maker, 즉 분쟁을 조정하는 자가 아니라(이런 기능도 다음에 말하려는 더욱 중요한 기능에 뒤따르기는 하지만) '평화의 창조자'이자 '평온을 가져다 주는 자'이다. 이런 평화나 평온은 자기가 먼저 얻지 않으면 남에게 줄 수 없다. 그리고 이것을 얻는다는 것은 보통 말하는 상업의 과정에 반드시 수반되는 것도 아니다. 아마도 이런 형태의 이득처럼 얻을 가능성이 적은 것도 없을 것이다. 상업은 (여러 나라 언어에도 나타나 있듯이—예를 들면 '펠로'에서 나온 '폴레인', '페라오'에서 나온 '프라시즈', '베니오'에서 나온 '브니르', '방드르', '비날' 등처럼)[82] 본래 침착성이 없고, 어쩌면 경쟁적이고, 썩은 고기를 찾아 이리저리 헤매는 까마귀 같은 마음씨를 갖고 있기 때문이다. 반면에 올리브 열매를 먹고 올리브 가지를 물어 나르는 새들은 내려앉아 쉴 곳을 찾고 있다.[83] 그래서 '지혜'는 "그 집을 짓고 일곱 기둥을 다듬었다."[84]고 되어 있

---

81) 『야고보서』 제3장 18절을 참조. "화평케 하는 자들은 화평으로 심어 의의 열매를 거두느니라." —옮긴이 주.

82) 그리스어 pelo(밀어내다)에서 polein(팔다), perao(가로지르다)에서 prasis(매각)가 파생되었고, 라틴어 venio(오다)에서 프랑스어 venire(오다, 태어나다), vendre(팔다)와 영어 venal(부패한, 돈으로 매수할 수 있는)이 파생되었다. —옮긴이 주.

83) 여기서 새는 비둘기를 말한다. 『창세기』 제8장 '홍수가 그치다' 편을 참조. —옮긴이 주.

84) 『잠언』 제9장 1절 참조. "지혜가 그의 집을 짓고 일곱 기둥을 다듬고" —옮긴이 주.

다. 그리고 지혜는 그 집 문간에서 오랫동안 망설이는 성향이 있긴 하지만, 막상 그 집을 떠나 멀리 갈 때도 그 갈 길 역시 평화로운 것이다.[85]

아무튼 우리에게 지혜의 작용은 집의 입구에서 시작되어야만 한다. 모든 진정한 경제는 '집의 법'이다. 이 법을 엄격하고, 단순하며, 관대하게 만드는 데 힘써야 한다. 아무것도 낭비하지 말고, 아무것도 아까워해서는 안 된다. 돈을 더 많이 버는 데 신경 쓰지 말고, 돈을 적절한 곳에 쓰는 것을 염두에 두어야 한다. 그리고 중요하고 명백하며 불가피한 사실―모든 경제의 규칙이자 근본―을 항상 명심해야 한다. 즉 한 사람이 뭔가를 소유하면 다른 사람은 그것을 소유할 수 없다는 것, 어떤 물건이든 간에 사용되거나 소비된 물건에는 그만큼 인간의 생명이 소비되었다는 것, 그렇게 해서 현재의 생명을 구하거나 더 많은 생명을 얻게 되면 그것은 좋은 소비이고, 그렇지 못하면 그만큼 생명을 방해하거나 죽이는 결과를 낳는다는 사실을 명심해야만 한다. 어떤 물건을 사든지 먼저 사는 물건의 생산자에게 여러분이 어떤 생활 조건을 초래할지를 고려해야 한다. 둘째, 여러분이 지불하는 돈이 생산자에게 과연 정당한지, 그

---

85) 『잠언』 제3장 17절 참조. "그 길은 즐거운 길이요 그의 지름길은 다 평강이니라." ―옮긴이 주.

돈이 정당한 비율로 생산자의 손에 들어가는지를 고려해야 한다.[86)]
셋째, 여러분이 사는 물건이 식량이나 지식이나 기쁨 같은 것에 얼마나 알기 쉽게 이용될 수 있는지를 고려해야 한다. 넷째, 그 물건이 누구에게 어떤 방식으로 가장 신속하고 유익하게 분배될 수 있는지를 고려해야 한다. 그리고 어떤 거래에서든지 모든 것들을 전면 공개하며 약속을 충실히 이행할 것을 요구하고, 모든 일들을 완벽하고 아름답게 마무리할 것을 요구해야 한다. 특히 시장에서 팔 수 있는 모든 상품에 대해서는 우수한 품질과 순정품을 요구해야 한다. 그와 동시에 일상의 단순한 기쁨을 누리는 능력을 얻거나 가르치는 방법과 '당아욱과 수선화에도 큰 축복이 있다'[87)]는 것을 보여주는, 즉 기쁨의 총량은 맛보는 음식의 양이 아니라 맛보는 사람의 활기와 인내에 달려 있다는 것을 보여주는 모든 방법들을 모색해야 한다.

---

86) 맨 처음 생산자에게 주는 정당한 보수 문제에 더 깊이 들어갈 수 있기 전에, 중개자들—즉 감독자(권위를 가진 직공)나 운반자(도매상인, 선원, 소매상인 등)나 주문 받는 사람(소비자의 주문을 받기 위해 고용된 사람들)의 고유한 직무를 먼저 살펴볼 필요가 있다는 것은 물론이다. 하지만 이 논문들에서는 그것들을 논하지 않았다. 그런 중개적 기능의 남용에서 오는 폐해는 근대 경제학의 원칙에서 필연적으로 초래된 결과가 아니라 사적인 부주의나 불공정의 결과이기 때문이다.

87) oson en asphodelps geg oneiar(what great advantage there is in mallow and asphodel); 고대 그리스 빈민들의 먹거리였던 이것들은 오늘날 서민들의 '빵과 치즈'(bread and cheese)였다고 한다. 헤시오도스의 『노동과 나날』('Εργα καὶ Ἡμέραι, Works and Days) 41행에 나온다. —옮긴이 주.

그리고 이런 것들을 정당하고 정직하게 숙고한 후, 우리에게 동정을 호소하고 권리를 주장하는 사람들이 적어도 당분간은 사치스러운 생활을 요구하지 않는 것으로 보인다면, 또한 세상의 사치에 뒤따르는 고통을 우리 주위에서 분명히 보았다면, 그것이 죄 없는 사치일지라도 누가 사치를 바랄 수 있는지 생각해보라. 정말로 사치가 미래에는 가능할 것이다. 무해하고 고상한 사치라면 모든 사람에 의해 모든 사람이 누릴 수 있을 것이다. 하지만 지금은 무지한 자만이 사치를 누릴 수 있다. 아무리 잔혹한 인간일지라도 눈을 가리지 않고서는 태연하게 향연의 자리에 앉을 수 없다. 과감히 눈가리개를 벗고 빛을 똑바로 보라. 그리고 아직까지는 눈물을 통해서만 눈이 빛나고 삼베옷[88]을 통해서만 몸이 빛난다면, "울며 씨를 뿌리러 나가라."[89] 그러면 신의 왕국이 올 것이며, 그리스도의 빵 선물과 평화의 유산이 "나중에 온 이 사람에게도 너에게 준 것과 똑같이"[90] 주어질 때가 올 것이다. 그때가 되면 지상의 서로 반목하는 사악한 자와 삶에 지친 자들에게도 비좁은 가정의 화목보다 더 거

---

88) sackcloth; 유대인들의 상복. —옮긴이 주.

89) 『시편』 제127편 6절 참조. 바빌론 유수 중 고향으로 돌아가기를 갈구하는 포로들의 앞날을 토로한 대목이다. "울며 씨를 뿌리러 나가는 자는 반드시 기쁨으로 그 곡식 단을 가지고 돌아오리로다." —옮긴이 주.

90) 이 책의 제목이기도 한 이 글귀는 『마태복음』 제20장 16절을 참조. "이와 같이 나중 된 자로서 먼저 되고 먼저 된 자로서 나중 되리라." —옮긴이 주.

룩한 화목이 오고, 평온한 경제가 이루어져, 거기에서는 사악한 자들이—골칫거리이긴 하지만—더 이상 소란을 피우지 않고, 삶에 지친 자들도 휴식을 얻을 것이다.[91]

---

91) 『욥기』 제3장 17절 참조. "거기서는 악한 자가 소요를 그치며 거기서는 피곤한 자가 쉼을 얻으며"—옮긴이 주.

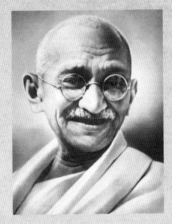

제 2 권

주해 | 나중에 온 이 사람에게도

마하트마. K. 간디

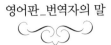

마하트마 간디는 남아프리카공화국 요하네스버그Johannesburg
에서 더반Durban까지 24시간 걸리는 여정에서 자신이 존 러스킨의
『나중에 온 이 사람에게도』를 어떻게 읽었는지를 『자서전』 제4부
18장 '책 한 권의 기적'The Magic Spell of a Book에서 다음과 같이
말하고 있다.

"기차는 오후 쯤 그곳에 도착했다. 그날 밤 난 도무지 잠을 들 수
가 없었다. 나는 이 책의 이상에 따라 삶을 바꾸기로 결심했다…
난 나중에 이 책을 '사르보다야'라는 제목을 붙여 인도의 구자라트
어로 번역했다."

이 책은 「사르보다야」Sarvodaya를 영어로 번역한 것인데, 러스킨

의 주옥같은 말들은 될 수 있으면 그대로 남겨두었다. 그리고 4편의 글 말미에는 간디가 『나중에 온 이 사람에게도』를 읽고 느낀 교훈을 요약해놓았다.

1. 개인의 선은 전체의 선에 포함되어 있다.
2. 변호사의 일이나 이발사의 일이 지닌 가치는 둘 다 모두 일해서 밥 먹는다는 똑같은 권리를 가지기 때문에 매한가지다.
3. 노동자의 삶, 즉 땅을 일구는 자와 수공업자의 삶은 살아갈 만한 가치가 있다.

러스킨이 4개의 장에 대해 요약한 부분에 대해서는 말할 필요가 없으나, 1915년 간디가 인도로 돌아오기 전 남아프리카에서 쓴 간디의 결론 부분은 다소 예언적이며, 앞으로 영원히 인도의 보물로 다루어질 것이다. 그리고 마지막 구절은 가치를 따질 수 없는 진주로 남을 것이다.

발지 G. 데사이

독자들에게

본인의 글을 열성적으로 읽어주시는 독자들에게, 그리고 관심을 가져주시는 나머지 분들에게 나는 일관된 사람으로 보이는 것에 아무런 관심이 없음을 알리고 싶습니다. 진실을 향한 탐험의 과정에서 나는 온갖 관념들을 솎아냈고 새로운 관념들을 습득했습니다. 나이가 나이인 만큼 내가 정신적인 성장을 멈추었다거나 육신이 녹아내려 성장이 멈추었다는 것에 아무런 억하심정이 없습니다. 내가 우려하는 것은 유일한 진리인 하느님의 명령을 때때로 섬길 준비가 되었는지 입니다.

그렇기 때문에 누군가 내 글 중 어떤 두 편의 글 사이에서 모순되는 점을 찾았다면, 그리고 아직 내 정신이 온전하다고 믿고 있다면, 같은 주제에 관한 글은 나중에 쓰인 글이 옳다고 보는 게 나을 것입니다.

마하트마. K. 간디

1933년 4월 29일, 하리잔Harijan에서

머리말

서구 사람들은 일반적으로 인류 다수의 행복을 증진하는 것이 인간의 본분이라고 생각합니다. 여기서 행복은 물질적, 경제적 행복만을 뜻합니다. 이 행복에 도달하는데 도덕 규범을 어겨야한다고 해도 그것은 별로 큰 문제가 안 됩니다. 다시 말해 여기서 도달하고자 하는 목표는 다수의 행복이기 때문에 서구인들은 이것이 보장되기만 한다면 소수가 희생되는 것은 아무런 문제가 없다고 생각했습니다. 이러한 사고방식 때문에 입는 피해는 유럽 전역에서 뚜렷이 나타났습니다. 도덕을 무시하고 물질적, 경제적 안녕을 무조건적으로 추구하는 것은 신의 섭리에 어긋나는 것이었습니다. 이것은 서구의 몇몇 현자가 이미 증명했던 내용으로 이러한 현자 중 한 명이 존 러스킨이었습니다. 그는 『나중에 온 이 사람에게도』라는 소책자에서 인간은 오직 도덕규범을 지키며 살아갈 때 행복해질 수 있다고 말했습니다.

오늘날 우리가 사는 인도의 모습은 곧잘 서구의 모조품에 비교됩니다. 그렇기에 우리가 서구의 미덕을 흉내고 있는 것도 지당하겠지만, 문제는 서구적 가치기준이 대부분 악덕하다는 것은 의심할 바 없다는 사실입니다. 그런데 우리는 모든 악덕을 기피해야 하는 것이라고 알고 있지요. 남아프리카의 인도인들은 곤란한 처지에 놓여있습니다. 우리는 돈을 벌기 위해 해외로 나왔고, 서둘러 부자가 되려는 마음에 도덕규범을 외면하고 신이 우리의 과오를 심판하는 날이 온다는 것을 잊고 살고 있습니다. 사리사욕은 우리를 집어삼켜 선악을 구별할 수 있는 능력을 마비시키고 있습니다.

그 결과 우리는 아무것도 손에 쥔 게 없는 꼴이 되고 말았습니다. 적어도 외국에 나와 고생하고 있는 것에 비해 그만큼의 보상을 받지 못하고 있는 셈이지요. 도덕은 세상의 모든 종교 안에서 아주 필수적인 가치입니다. 하지만 종교를 떠나서 상식적으로 우리는 도덕규범의 준수에 대한 필요성을 느끼고 있습니다. 러스킨이 이 책에서 설명하고 있는 것처럼 우리는 도덕규범을 지켜야만 행복한 삶에 대한 가능성을 기대할 수 있습니다.

플라톤의 『변론』Apology[1]에서 소크라테스는 우리에게 인간으로서의 본분에 대한 몇 가지 개념을 설명하고 있습니다. 그는 자신

---

[1] 간디는 『사르보다야』를 집필하기 전에 『인디안 오피니언』에 『변론』의 요약본을 게재했다.

의 가르침처럼 도덕적인 사람이었습니다. 저는 러스킨의『나중에 온 이 사람에게도』가 소크라테스의 개념을 확장시킨 책이라고 생각합니다. 러스킨은 우리가 그러한 개념을 실천하고 다양한 삶의 방식에 적용하기 위해서 어떻게 살아야하는지를 가르쳐주고 있습니다. 이 책에서 이어지는 내용은『나중에 온 이 사람에게도』를 의역한 것입니다. 직역한 내용은『인디언 오피니언』의 독자들(인도인들)에게 제대로 와 닿지 못할 것을 우려하여, 러스킨이 원서에서 의도한대로 번역본의 제목도 '사르보다야'(사회 경제의 개선과 발전)로 대체하였음을 알리는 바입니다.

발지 G. 데사이

제1편

진리의 근원

다양한 시대에 걸쳐 인류를 괴롭혔던 망상, 아마도 가장 강력하면서도 명예롭지 못한 망상을 꼽자면 사회적 애정의 영향력을 전혀 고려하지 않은 채 이익 창출만을 위한 행동규범을 바탕으로 하는 근대 경제학일 것이다.

물론 인류에 존재하는 여러 다른 미신과 마찬가지로 정치 경제학도 꽤 그럴듯한 관념에 뿌리를 두고 있다. 경제학자들은 이렇게 말한다. "사회적 애정은 인간성 가운데 우연적이고 변덕스러운 요소인 반면, 진보를 향한 탐욕과 욕구는 한결같은 요소이다. 그런 변덕스러운 요소를 배제하고 인간을 그저 돈 버는 기계로 상정하여 어떤 종류의 노동, 구매, 판매의 법칙을 따랐을 때 가장 많은 양의 부를 축적할 수 있는지 한번 검토해보자. 일단 경제 법칙들이 정립되면, 각 개인은 자신이 택한 만큼 변덕스러운 애정의 요소들을 즉시 받아들일 것이다."

이런 주장은 나중에 받아들인 애정이라는 그 우연적인 요소가 처음에 검토된 경제법칙 속 에너지와 같은 성질이라면 논리적인 분석방법이 될 것이다. 어떤 운동중인 물체가 항시적인 힘과 가변적인 힘에 함께 영향을 받고 있다고 가정해보자. 이때는 먼저 일정한 조건에서 물체의 경로를 추적하고, 그 다음에 조건을 달리 하여 그 물체의 경로를 추적하는 것이 이 물체의 운동방향성을 고찰하는 가장 간단한 방법이다. 그러나 사회 문제 속에서 변덕스런 요소는 항시적인 요소들과는 전혀 다른 성질을 띤다. 그것들은 추가되는 순간부터 연구 대상인 생명체의 본질을 송두리째 바꾸어 놓는다. 그 요소들은 수학적이기보다는 화학적으로 작용하는데, 우리의 기존 지식을 아무 쓸모없는 상태로 만들어버린다.

나는 전제조건만 납득할 만하다면 그 경제학 이론의 결론을 믿어 의심치 않는다. 나는 인간이 뼈 없는 연체동물이라고 가정했을 때만 성립되는 체조학 이론에 회의적인 것처럼, 단지 터무니없는 전제조건을 내건 이론에 관심이 없는 것뿐이다. 그러한 가정이라면 학생들은 돌돌 말려 환약처럼 되거나, 떡처럼 납작해지거나, 케이블 선처럼 늘어질 것이다. 이런 결론이 도출되고 난 후, 학생들의 몸에 다시 뼈를 집어넣으면 그들의 신체에 발생할 온갖 불편함에 대해서도 추론이 가능하다. 그 추론이 아무리 훌륭하고 결론이 그럴듯하지만 이러한 학문은 실질적인 적용이 불가능할 뿐이다. 현대 정치경제학은 정확히 이와 비슷한 토대 위에 만들어져있다. 이 학문은 인간이 신체만 있고 영혼이 없다는 말도 안 되는 상상을 하며 그에 따른 법칙을 만들어내고 있다. 영혼은 인간에게 지배적인 구성요소라고 볼 수 있는데, 어떻게 그런 법칙을 적용할 수 있다는 말인가?

경제학은 학문이라고 말할 수 없다. 우리는 경제학이라는 학문이 노동자들의 파업문제에 있어서 얼마나 속수무책인지를 익히 알고 있다. 주인과 하인이 어떤 논점에 대해 서로 다른 견해를 가지게 되었을 때, 경제학은 이를 하나로 모으는 역할을 하지 못한다. 이에 대해 많은 논쟁자들이 주인들의 이익이 노동자들의 이익과 충돌하지 않는다는 것을 증명하기 위해 헛된 고생을 하고 있다. 사실 사람들이 자신의 이익이 서로 충돌한다고 해서 무조건 서로 적대적인 관계에 있는 것은 아니다. 집에 빵이 한 조각만 남아있고, 어머니와 아이들이 굶주린 상황에서 그 두 편의 이해관계는 같지 않다. 어머니가 그 빵을 먹는다면, 아이들이 먹지 못할 것이고, 아이들이 빵을 먹는다면 어머니는 배를 곯은 채 일하러 가야한다. 그렇다고 해서 그 둘 사이의 관계가 적대적이며, 빵을 쟁취하기 위해 싸우다가 가장 힘이 쎈 어머니가 빵을 쟁취해 먹어치우지는 않을 것이다. 이와 마찬가지로 각자의 이익이 다르다고 해서 무조건 서로를 적으로 간주하고 폭력이나 속임수를 써서 이익을 취하려할 것이라고 가정할 수는 없다.

인간의 도덕적 동기가 생쥐와 돼지의 그것과 다를 바 없다고 간주한다 하더라도, 주인과 노동자의 이익이 서로 완전히 같거나 완전히 상반된다고 일반적으로 말할 수 없다. 그들의 이익은 상황에 따라 완전히 같을 수도 다를 수도 있기 때문이다. 일이 적절하게 마무리되고 그에 대해 정당한 대가가 치러졌을 때는 항상 양쪽에 이익이 된다. 하지만 이익을 분배하는 데 어느 한쪽의 이익이 다른 쪽의 손해가 될 수도 있고 그렇지 않을 수도 있다. 노동자가 병약해지고 사기가 저하될 만큼 낮은 임금을 지불하는 것이 꼭 주인의 이익을 의미하는 것은 아니며, 주인이 사업확장에 지장을 주거나 사업을 안정적이고 자유롭게 유지하는 데 방해가 될 만큼 작은 이득을 취하면서까지 노동자에게 높은 임금을 지불하는 것이 노동자의 이익을 의미하는 것도 아니다. 회사가 엔진을 수리할 수 없을 정도로 자금 난을 겪고 있다면, 화부는 높은 임금을 요구해서는 안 되는 법이다.

그렇기 때문에 득실의 균형을 기준으로 인간의 행동 양식을 추론해내려는 모든 노력은 헛된 것이다. 그것이 헛수고일 수밖에 없는 것이, 조물주는 인간이 득실의 균형이 아니라 정의의 균형에 따라 행동하도록 창조했기 때문이다. 그래서 조물주는 태초부터 득실을 확인하려는 인간의 모든 노력을 헛수고로 만들어왔다. 그 누구도 어떤 일련의 행동이 자신과 타인에게 궁극적으로 어떤 결과를 초래할 것인지 알 수 없다. 하지만 어떤 행동이 정당한지, 정당하지 않은지에 대한 것이라면 누구나 알고 있을 것이며, 실제로 우리 대부분은 그것을 알고 있다. 그리고 정의가 실현되었을 때 초래되는 결과가 나 자신에게도 타인에게도 궁극적으로 가장 바람직한 결과를 가져온다는 것을 우리 모두 알고 있다. 무엇이 가장 바람직한 것인지, 혹은 그것을 어떻게 실현할 수 있는지는 아무도 단언할 수 없지만 말이다.

내가 여기서 말하는 정의는 애정 — 한 사람이 다른 사람에게 품고 있는 그런 애정의 개념을 포함하고 있다. 모든 바람직한 주인과 직공의 관계는 최종적으로 이러한 정의를 기반으로 하고 있다.

이러한 관계를 가장 잘 보여주는 예로 집안 하인의 지위를 생각해보자.

한 집안의 주인이 어떻게 하면 자신이 지불하는 임금에 비례해 최대한 하인을 부려먹을 수 있을까만 궁리하고 있다고 가정해보자. 그는 결코 하인이 게으름부리는 것을 넘어가지 않고, 최소한의 끼니만 제공하고 그들이 견딜 수 있는 한 가장 힘든 일을 시키려고 한다. 주인의 입장에서는 이렇게 한다고 해서 흔히 얘기하는 '정의'를 위반하고 있는 상황이라고 볼 수 없다. 그는 하인과 합의하여 그의 모든 시간과 봉사를 모두 자신이 갖게 되었고, 이웃의 다른 주인들의 관례에 따라 하인을 어느 정도까지 처우하는가를 정한다. 그리고 만일 하인이 더 나은 일자리를 구할 수 있다면 마음대로 일자리를 옮길 수 있다.

경제학의 대가들에 따르면, 앞에서 말한 것들이 그 문제에 대한 경제학적 견해이다. 그들은 이러한 과정을 통해 최대치의 평균 노동량을 하인으로부터 얻어낼 수 있고, 사회를 통해 하인들에게도 이익이 환원되므로 결국 하인들 자신도 최대한의 이익을 얻을 수 있다고 주장하고 있다.

하지만 실제는 그렇지 않다. 이는 하인이 증기나, 자기력 혹은 중력처럼 어떤 계산 가능한 힘을 동력으로 삼는 엔진이라고 했을 때만 가능한 말이다. 반대로 그는 '영혼'을 동력으로 삼는 엔진이다. 영혼이라는 동력은 모든 경제학자들의 방정식 속에 그들도 모르게 침투해 계산의 결과를 모조리 그르쳐버린다. 영혼을 동력으로 하는 이 기묘한 기관은 보수나 외압에 따라 최대치의 노동량을 산출해내지는 않는다. 이 기관은 동력이 소위 말해, 인간의 의지나 정신이 고유한 연료인 애정을 가졌을 때 최대의 힘을 발휘하고, 최대한 많은 양의 일을 할 수 있는 것이다.

보통 주인이 혈기 왕성하고 사리분별이 있는 사람이라면 하인에게 압력을 가하여 많은 양의 노동을 이끌어낼 수 있을 것이다. 그와 반대로 주인이 게으르고 나약한 사람이라면 그만큼 하인은 아주 적은 양의 일을 형편없이 처리할 것이다. 하지만 주인과 하인 모두에게 의욕과 사리분별력이 있다고 가정했을 때, 주인과 하인은 서로를 적으로 돌리는 것보다 서로에게 애정을 가졌을 때 최대의 물질적 결과물을 얻을 수 있다는 것이 이 문제의 일반적 법칙이다.

하인은 주인의 관대함을 자주 악용하고 친절에 감사할 줄 모르는데, 이것은 일반적으로 사실이다. 호의를 받고도 감사할 줄 모르는 하인은 난폭한 대우를 받으면 앙심을 품을 것이고, 관대한 주인에게 정직하지 못한 하인은 부당한 주인에게는 해를 입힐 것이기 때문이다.

어떤 경우에서든, 그리고 어떤 사람에게든, 이 같이 상대를 배려해주는 것은 가장 효과적인 보상을 낳는다. 나는 여기서 애정을 전적으로 하나의 동력으로 간주하고 있지만, 절대로 그 자체를 바람직하거나 고귀한 것으로 여기지는 않는다. 나는 그것을 단순히 평범한 경제학자들의 계산을 무효화시켜버리는 일종의 특이한 힘으로 볼 뿐이다. 애정은 경제학의 다른 모든 동기와 조건을 무시했을 때 비로소 진정한 동력이 될 수 있다. 하인의 고마움을 이용할 요량으로 하인을 친절히 대한다면, 당신은 분명히 하인에게 고맙다는 말을 듣지도 못하고 당신의 친절에 대한 보답도 돌려받지 못할 것이다. 하지만 그 어떤 경제적 목적도 없이 하인을 친절히 대한다면 모든 경제적 목적은 저절로 이룰 것이다. 다른 모든 일들이 그러하듯이, 여기서도 "제 목숨을 구하려는 자는 누구나 그것을 잃을 것이요, 제 목숨을 잃은 자는 그것을 구할 것이다."

다음으로 주인과 하인과의 관계의 가장 단순명료한 예는 부대의 상관과 부하 사이에 존재하는 관계이다.

상관이 자신은 조금도 고생 안 하면서 부대를 가장 강력하게 만들기 위해 훈련규율만을 강요한다고 치자. 이런 이기적인 원칙으로는 그 어떤 규율을 적용하더라도 부하들의 능력을 최대한 발휘시키지 못할 것이다. 하지만 부하들과 가장 직접적인 인간관계를 맺고 있고 부하들을 위해 신경을 쓰며 부하들의 목숨을 가장 소중히 여기는 상관이라면 그에 대한 부하들의 애정과 그의 품성에 대한 부하들의 신뢰를 통해 다른 식으로는 도저히 이룰 수 없는 정도까지 부하들의 기량을 효과적으로 발휘시킬 수 있을 것이다. 이러한 법칙은 관계자들의 수가 많으면 많을수록 한층 더 설득력 있게 적용된다. 부하들이 상관을 싫어하면 그래도 한 번의 공격에는 성공할 수 있을지 모르지만, 부하들이 지휘관을 사랑하지 않으면 전투에서 승리하기란 하늘에서 별 따기이다.

예를 들어 약탈을 목적으로 모인 집단(고대 하일랜드 종족처럼)이 서로에 대한 끈끈한 의리로 단결하며 모든 졸개들이 두목의 목숨을 위해 자신들의 목숨을 내놓을 준비가 되어있는 것처럼 말이다.

그러나 합법적인 생산을 목적으로 모인 집단은 보통 그런 종류의 감정을 기반으로 움직이지 않으며 그 중 자신의 우두머리를 위해 기꺼이 목숨을 내놓을 사람은 아무도 없다. 하인인 경우든 군인인 경우든 정해진 기간 동안 정해진 임금률에 따라 고용되지만, 노동자는 노동의 수요에 따라 임금이 달라질 수 있으며 시장의 조건에 따라 언제든지 실직할 위험을 안고 있다.

이제 이러한 조건에서는 애정을 기반으로 한 어떠한 행동도 일어날 수 없을뿐더러, 오직 불만을 기반으로 한 폭력적인 행동만 일어날 수 있다. 따라서 이 문제에서는 다음 두 가지 논점사항을 고찰해봐야 한다.

그러한 불만 사항으로는 다음의 2가지 경우가 있는데,

1. 노동 수요의 변화와 관계없이 얼마나 임금 수준이 안정적으로 유지될 수 있는가.

2. 노동자 단체는 (시장 상황과 관계없이) 그렇게 정해진 임금률로 그 수의 증감이 없이 어느 정도까지 고용될 수 있고, 또 고용상태를 유지할 수 있는가. 그리하여 노동자들이 명문가의 하인들처럼 자신이 다니는 회사에 항상 관심을 가지거나 정예부대의 병사들처럼 단결심esprit de corps을 가질 수 있는가.

역사상 인간이 범한 오류 중 한 가지 희한한 점은 아마도 경제학자들이 노동 수요와 관계없이 임금을 유지하는 것이 가능하다는 것을 부인해왔다는 사실일 것이다.

우리는 총리직을 경매(Dutch auction, 네덜란드 식 경매)로 거래하지 않는다. 아플 때 우리는 굳이 1기니guinea보다 싸게 받는 의사를 찾지 않는다. 소송을 할 때도 결코 변호사비 6실링 8페니를 4실링 6페니로 깎으려고 하지 않는다. 소나기를 만났을 때도 1마일에 6페니보다 싼 값으로 마차를 태워 줄 마부를 찾아다니지는 않는다.

가장 뛰어난 노동자들은 언제나 변함없는 일정한 기준에 따라 보수를 받았고, 사실은 모든 노동자들이 그래야 마땅하다. 언제나 그래왔듯이 그리고 지금도, 가장 정당한 노동에 대한 대가는 변함없는 기준에 의해 보수가 주어지는 것이다. 이 글을 읽고 있는 독자들은 아마도 놀라며 이렇게 반응할 것이다.

"뭐라고! 실력 있는 일꾼, 엉터리 일꾼에게 똑같이 보수를 지불하라고?"

물론이다. 당신이 목사나 의사가 실력이 좋으나 나쁘나 불평하지 않고 같은 사례를 지불하는 것처럼 당신 집에서 일하는 일꾼에게도 실력이 좋으나 나쁘나 똑같은 보수를 지불해야 마땅한 것이다.

"천만에요. 나는 의사를 내가 선택하는데, 이는 내가 그들이 하는 일의 질적 수준을 알고 있다는 것을 말해주지요." 그렇다면 자신의 벽돌공도 자신이 골라야하고, '선택받는다'는 것은 실력 있는 노동자에 대한 온당한 보상이다. 모든 노동에 관한 정당한 제도는 다름이 아니라 모든 노동은 정해진 임금률에 따른 보수를 받아야 하지만, 실력 있는 노동자는 고용되지만 서투른 노동자는 고용되지 않는다는 것이다. 잘못된 노동 제도는 서투른 노동자가 자신의 노동력을 반값에 제공하는 것이 허용될 때 생겨난다. 그런 노동자는 실력 있는 노동자의 일자리를 빼앗거나, 실력 있는 노동자가 서투른 노동자와 경쟁하느라 부당한 임금을 받고 일하도록 강요하게 된다.

그렇기 때문에 여기서 임금의 평등이 우리가 찾아야만 할 길의 첫 번째 목표라면, 두 번째 목표는 생산하는 물품에 대한 어떤 돌발적인 수요에도 변함없이 고용되어 있는 노동자의 수를 일정하게 유지하는 것이다.

이전 장에서 서술한 주장에 대한 평범한 경제학자들의 반박을 몇 마디로 요약하면 다음과 같다.

"사회적 애정이 발전하면서 보편적 성질을 가진 어떤 이익을 얻을 수 있는 것은 사실이다. 하지만 경제학자라면 그러한 보편적 성질의 이익을 결코 고려하지 않을 것이다. 우리의 경제학은 단지 부를 축적하는 원리를 연구하는 학문이다. 경제학은 결코 허위적인 학문이 아니며, 실질적으로 유효하다는 것이 경험적으로 증명되었다. 경제학 계율을 따르는 자는 부자가 되고, 이에 불복하는 자는 가난해진다. 유럽의 모든 자본가들은 우리 경제학의 법칙들을 따랐기 때문에 부를 축적할 수 있었다. 기정사실의 힘에 맞서서 아무리 궤변을 늘어놓아도 소용이 없다. 사업가라면 누구나 돈을 어떻게 버는지, 어떻게 잃는지를 경험적으로 알고 있다."

미안한 말이지만, 그런 사업가들이 실제로 돈을 벌고 있다고 하더라도 자신들이 공정한 방법으로 돈을 벌고 있는지 혹은 그들의 돈벌이가 국민 복지에 기여 하고 있는지를 알지 못한다. 그들 중 '부유'하다는 단어의 진정한 의미를 알고 있는 자는 매우 드물고, 알고 있더라도, 적어도 '북쪽'이라는 단어가 반드시 '남쪽'이라는 반대개념을 내포하고 있듯이, '부유'라는 말도 반드시 그 반대말인 '빈곤'이라는 상대어라는 사실을 인정하려들지 않는다. 사람들은 '부'가 절대적인 것이라서 경제학의 일정한 가르침을 따르기만 하면 누구나 부자가 될 수 있다고 말한다. 하지만 사실 부는 전기와 비슷한 힘이라서 그 자체의 불균형이나 자기부정을 통해서만 작용한다. 당신의 주머니에 있는 1기니 금화의 힘은 당신 이웃의 주머니에 1기니 금화가 없는 것에 전적으로 의존한다. 이웃이 금화를 원하지 않는다면 당신 주머니 속 금화는 당신에게 아무 쓸모도 없을 것이다. 금화가 소지한 힘의 정도는 그 돈에 대한 이웃사람의 필요에 정확하게 좌우된다. 그러므로 보통의 상업적 경제학자가 말하는 부자 되는 기술은 동시에 필연적으로 당신의 이웃을 가난하게 유지시키는 기술이라고 볼 수 있다.

나는 '정치적' 그리고 '상업적'이라는 서로 다른 형용사가 경우에 따라 붙는 두 종류의 경제학의 차이를 독자들이 확실히 이해해주기를 바란다. 정치적 경제학은 단순히 가장 적절한 때와 장소에서 유용하고 쾌락을 줄 수 있는 것들을 생산, 보존, 분배한다. 적당한 시기에 건초를 거둬들이는 농부, 잘 이긴 회반죽에 양질의 벽돌을 올리는 건축공, 안방의 가구를 손질하고, 부엌에서 하나라도 허비되지 않도록 알뜰한 가정주부들이야말로 진정한 그리고 궁극적인 의미에서 정치적 경제학자들이다.

하지만 상업적 경제학은 타인의 노동에 대한 법적 청구권이나 지배력을 개인의 수중에 축적하는 것을 뜻한다. 그런 청구권은 정확히 한쪽에서는 부와 채권을 의미하지만, 다른 한쪽에서는 그만큼의 가난과 부채를 의미한다.

문명화된 국가에서 경제활동을 하고 있는 사람들이 지닌 부의 개념은 대개 상업적 부를 가리킨다. 그들은 재산을 평가할 때도 화폐로 살 수 있는 말과 경작지의 수량으로 화폐의 가치를 계산하기보다는 오히려 말과 경작지를 팔아서 얻을 수 있는 화폐의 수량으로 그것들의 가치를 계산한다.

물적 재산은 소유자가 노동에 대한 상업적 지배력을 함께 가지고 있지 않는 이상 거의 무용지물이다. 어떤 사람이 소유한 땅에, 넓고 비옥한 토지가 있고, 그 토지의 자갈밭 밑에는 금광이 있고, 셀 수 없을 정도로 많은 가축과, 가옥 몇 채와 정원들 그리고 저장 창고까지 있다고 가정하자. 하지만 도저히 하인을 구할 수 없다면 어떻게 될지 생각해보라.

하인을 구하려면 그의 이웃 중 누군가가 빈곤하여 그의 금화나 곡식을 필요로 하는 상황이 와야 한다. 그런데 이웃 중 아무도 금화와 곡식을 필요로 하지 않아 하인들을 구할 수 없다고 가정해 보자. 그러면 그는 스스로 밥을 차려먹어야 하고, 옷을 손수 지어 입어야 하며, 직접 밭을 갈고 가축을 길러야한다. 그의 금화는 자신의 땅에 있는 여느 노란 자갈과 다를 바 없을 것이다. 창고 속의 곡식들은 다 먹지 못해 썩어 나갈 것이다. 그 사람이라고 해서 다른 사람보다 더 먹을 수 있는 것도 아니고, 다른 사람보다 더 입을 수 있는 것도 아니기 때문이다. 그는 보통 정도의 안락이라도 누리기 위해 안간힘을 쓰며 힘든 일과 허드렛일로 점철된 인생을 살게 될 것이다.

아무리 탐욕스러운 인간이라도 이런 형편없는 조건이 딸린 재산을 기꺼이 받아들이려 하지 않을 것이라 생각한다. '부'라는 명목 하에 사람들이 실제로 욕심내는 것은 본질적으로 타인에 대한 지배력이다. 그것은 아주 간단히 말해서 하인이나 상인 그리고 예술가의 노동력을 자신들이 원하는 방식대로 부릴 수 있는 힘을 말한다. 그리고 이러한 부의 힘은 말할 것도 없이 우리가 부리고자 하는 사람들의 빈곤 정도에 정비례하지만, 우리만큼 부자이고, 공급이 제한된 상품을 우리와 동등한 대가를 기꺼이 지불할 수 있는 사람들의 수와 반비례한다. 만약 가수가 가난한 처지에 있는데, 그에게 돈을 낼 수 있는 사람이 한 명이라도 있다면, 그는 돈을 적게 받고서라도 기꺼이 노래를 할 것이다. 하지만 돈을 지불 할 수 있는 사람이 두세 명이 있을 때는 가장 많은 돈을 제시한 사람을 위해 노래할 것이다. 이는 일반적으로 '부자가 되는 기술'은 자신을 위해 재산을 축적하는 방법을 뜻할 뿐만 아니라 이웃이 자기보다 적게 소유하도록 꾀하는 기술이기도 하다. 정확히 표현하자면 "자신에게만 유리하도록 최대한의 불평등을 확립하는 기술"이라고 할 수 있다.

경제학의 주제에 널리 퍼져 있는 오류의 대부분은 이런 불평등이 필연적으로 유리할 수밖에 없다는 경솔하고 불합리한 추정에 근거를 두고 있다. 불평등의 이해가 우선 불평등이 어떤 방식을 통해 조성이 되었는가, 둘째는 불평등이 어떤 목적으로 이용되는가에 달려있기 때문이다. 부의 불평등이 부당하게 확립되었을 때는 그것이 확립되는 과정에서 분명히 국민에게 해를 끼쳤을 것이며, 부당한 목적에 쓰였을 때는 그 불평등이 존재하는 동안 더 많은 해를 끼치게 된다. 하지만 부의 불평등이 정당하게 확립될 때는 그 과정에서 국민들을 이롭게 하며, 고귀한 목적에 쓰이면 그 존재 자체가 국민에게 더 많은 이익을 가져다준다.

결과적으로 한 국가 안에서 부의 유통은 인체의 혈액순환을 닮아있다. 혈액순환이 빨라지는 것은 유쾌한 감정이나 운동 때문이기도 하지만 수치스러운 감정이나 발열 때문이기도 하다. 몸이 달아오르는 것 역시 온기와 생명력으로 가득 차 있기 때문이기도 하지만 부패의 증상이기도 하다. 다시 말해 몸의 어떤 부분이 병들어 피가 몰리게 되면 몸 전체의 건강이 망가지는 것처럼, 모든 부가 병적으로 일부에 편중되어 있으면 결국 몸 전체 국가 전체의 자원이 쇠퇴하게 된다.

두 선원이 표류하다 무인도 해변에 이르러 몇 년 동안 자신들의 힘으로만 살아남아야 한다고 가정해보자.

그 둘이 건강을 유지하면서 서로 협력하여 꾸준히 일한다면, 자신들이 살 집을 지어올리고 얼마 후에는 꽤 넓은 경작지를 함께 소유할 수 있게 될 것이며 앞으로 쓸 다양한 물품을 저장해놓을 수도 있을 것이다. 이렇게 얻은 모든 것들이 실질적인 부와 물적 재산이 된다. 그 두 사람 모두가 공평하게 열심히 일을 했다면 그들은 그것들을 공평하게 나누거나 똑같이 이용할 권리가 있을 것이다. 그들의 경제는 소유물들을 신중하게 보존하고 분배하는 것에 작용하는 것이 전부일 것이다. 하지만 시간이 조금만 더 지나면 그들 중 누군가가 자신들의 공동 경작의 결과물에 대해 불만을 표하기 시작할 것이고, 결국 자신들의 경작지를 둘로 공평하게 나누기로 할 것이다. 그래서 그때부터 경작지를 똑같이 나누고 앞으로 각자가 자신의 경작지에서 일하고 거기서 나온 수확물로 각자 살아가기로 동의할지도 모른다. 그렇다면 이러한 합의가 이뤄진 뒤 둘 중 한 사람이 잃아눕게 되었고, 씨를 뿌리거나 수확을 해야 하는 중요한 기간에 일을 하지 못하게 되었다고 가정해보자. 그는 당연히 상대방에게 씨를 뿌리고 수확을 해달라고 부탁을 할 것이다.

그러면 그의 동료는 공동의 이익을 위해 이렇게 말할 것이다. "나는 너를 위해 이런 여분의 일을 기꺼이 할 것이다. 하지만 내가 그 일을 한다면 너는 나에게 나중에 이에 상응하는 일을 해줄 것을 약조해주라. 나는 너의 경작지에서 일한 시간을 적어놓을 테니 너는 같은 시간 만큼 내가 도움이 필요한 때 내 경작지에서 일해 주겠다고 약속하는 각서를 써주라."

그런데 그 사람의 병이 좀처럼 낫지 않고, 여러 가지 상황이 겹쳐 몇 년 동안이나 상대방의 도움을 필요로 했다. 그럴 때마다 그는 상대방의 요구에 따라 몸이 회복했을 때 자신을 위해 일해 주었던 시간만큼 상대방에게 일해 주겠다는 각서를 써주었다.

그렇다면 아팠던 사람이 나아 다시 일을 하게 되었을 때 두 사람의 지위를 어떻게 바뀌어 있을까? 그 두 사람을 '도시국가polis' 혹은 국가state라고 상정했을 때, 그들은 한 사람이 아프지 않았을 때보다 가난해져 있을 것이다. 아팠던 사람이 쉬는 동안 일했다면 생산했을 것을 뺀 만큼 가난해진 것이다. 그의 동료는 늘어난 노동의 양 때문에 일을 더 서둘러 했을 것이고, 결국 그의 동료는 토지와 재산은 자신의 경작지에 쏟아 부을 시간이 줄어들어 손해를 볼 게 뻔하다. 그리고 두 사람 재산의 합계는 두 사람 모두 건강하게 활동할 수 있었을 때보다 분명히 줄어들어 있을 것이다.

하지만 그들의 관계에서 서로에 대한 입지는 확연히 달라진다. 병들었던 사람은 몇 년 동안 자신의 노동에 대한 각서를 썼을 뿐만 아니라 자기 몫으로 저장해 두었던 식량들을 모두 고갈했을 것이다. 결국 얼마간은 상대방에게 식량을 의존하게 될 것이고, 그는 결국 더 많은 양의 노동력을 담보로 하여 빌린 식량에 대한 '지불'을 약속할 수밖에 없는 것이다.

각서가 완전히 유효하다고 가정한다면, 지금까지 두 사람 몫의 노동을 해왔던 사람은 이제 마음만 먹으면 일에서 완전히 손을 떼고, 빈둥거리며 시간을 보낼 수 있다. 그리고 동료에게 이전에 쓴 모든 각서들을 이행할 것을 강요할 뿐만 아니라 그에게 빌려주었던 식량을 노동력으로 보상하겠다는 각서를 빌미로 마음껏 부려먹을 수도 있을 것이다.

이러한 합의에서 최소한의 불법성(이 말의 통상적인 의미에서)도 없다고 할 수 있겠지만, 그들의 경제 상황이 이렇게까지 진행된 상황에서 제삼자가 이 해안가에 도착해서 그들을 본다면, 한 사람은 상업적으로 부유하고 다른 한 사람은 상업적으로 빈곤하다는 것을 알 수 있을 것이다. 그리고 한 사람은 빈둥거리며 시간을 보내고 있고, 다른 한 사람은 먼 훗날 자신의 경제적 독립을 회복할 것을 꿈꾸며 두 사람 몫의 일을 하며 근근이 살아가고 있는 것을 보고 크게 놀랄 것이다.

여기서 특히 독자들이 유의해주기를 바라는 것은, 이런 노동에 대한 청구권으로 이루어지는 상업적 부의 확립은 실물 재산으로 이루어진 실질적인 부가 국가적으로 감소한다는 것을 의미한다는 사실이다.

상업계의 일반적인 추이에 더욱 적절한 예를 하나 더 들어보자. 이번에는 두 사람이 아니라 세 사람이 주위와 단절된 작은 공화국을 형성했다고 가정해보자. 그들은 서로 다른 토지를 경작하기 위해 띄엄띄엄 떨어져 살게 되었다. 각자의 농장은 서로 다른 종류의 산물을 공급하고, 그들은 각자 농장에서 나는 산물을 필요로 한다. 그 중 세 번째 사람은 세 사람 모두의 시간을 절약하기 위해 한 농장에서 다른 농장까지 산물을 나르는 일을 관리하고, 산물을 나를 때마다 그 산물의 일정 몫을 받기로 했다고 치자.

이 경우 운송자가 각 경작지에서 다른 경작지로 꼭 필요한 산물을 적절한 시기에 항상 가져다 준다면 두 농장은 번창할 것이고, 이 작은 공동체는 최대치의 산물과 부를 축적할 수 있을 것이다. 이때 이 두 농장주는 운송업자를 통해서만 교류를 할 수 있다고 가정해보자. 얼마간의 시간이 지나고 운송업자는 그에게 위탁된 산물을 두 농장이 간절히 필요로 할 때까지 따로따로 두었다가 곤경에 처한 농장주에게 그것을 넘겨주는 대가로 다른 종류의 산물을 요구한다고 치자. 그는 기회만 잘 잡는다면 두 경작지의 잉여 생산물의 많은 부분을 소유할 수 있게 될 것이고, 마침내 흉년이 든 해에 두 경작지 모두를 사들여 이전의 농장주들을 일꾼이나 하인으로 부리게 되리라는 것은 쉽게 알 수 있다.

이것이 근대 경제학의 가장 정확한 원칙에 정확히 의거하여 얻어진 상업적 부의 한 사례라고 볼 수 있다. 하지만 이 경우에서도 분명한 것은 국가, 다시 말해 하나의 사회로 여겨지는 세 사람의 부의 총량은 그 상인이 보다 정당한 수익을 올리는 데 만족했더라면 거둘 수 있었던 양보다 적다는 것이다. 이 사례에서 두 농부는 중요한 시기에 필요한 물품을 공급받지 못해, 단지 생존을 위해 고군분투하는 기간이 연장되면서 자신감을 완전히 상실하고 노동의 효과도 대폭 감소했을 것이다. 그리고 상인이 쌓아둔 농산물들도 무역상이 정직하게 거래를 했더라면 두 농부와 자신의 창고를 채웠을지도 모를 농산물의 값어치는 같지 않을 것이다.

그러므로 국가의 부에 이로운 것이 무엇인가 하는 것뿐만 아니라 국부의 양에 대한 문제조차도 결국은 모두 추상적인 정의 문제로 귀결된다. 습득된 부의 진정한 가치는 습득 과정의 도덕적 기호sign에 의해 결정된다. 이는 부의 수학적 분량의 가치가 거기에 붙어있는 대수학적 기호에 달려있는 것과 마찬가지로 당연한 것이다. 상업적 부의 축적은 한편으로는 충실한 근면과 진취적인 에너지와 생산적 창의성을 보여줄 수도 있지만, 다른 한편으로는 허망한 사치, 무자비한 학대와 파멸을 불러일으키는 속임수를 보여줄지도 모른다.

그리고 이런 것들은 단순히 부를 추구하는 사람들이 경멸하고 싶으면 경멸해도 좋은 부의 도덕적 속성뿐만 아니라 문제가 된 돈의 금전적 의미를 한없이 하락시킬 수도 있고 상승시킬 수도 있는, 말 그대로 부의 물질적 속성이다. 한 무더기의 돈은 모으는 과정에서 열배나 많은 것을 창조한 활동의 결과일 수도 있는 한편, 열배나 많은 것을 없애버린 활동의 결과인 것도 있다.

따라서 그 도덕적 근원을 고려하지 않고 제시되는 부를 획득하기 위한 지침은 아마도 인간의 악한 본능을 이끌었던 모든 사상들 가운데 가장 발칙하고 무익할 것이다. "가장 값싼 시장에서 사고, 가장 비싼 시장에서 팔라"는 상업적 교훈이 국가 경제에 이익을 불러오는 경제 원칙이라고 말하는 근대 사상만큼 인간지성에 수치스러운 것은 역사상 한번도 없는 것으로 알고 있다.

가장 값싼 시장에서 사라고? 그렇다면 무엇이 시장을 값싸게 만드는지 생각해보자. 화재가 난 후 지붕의 들보가 타서 나온 숯은 값이 싸질 것이고, 지진이 난 후 거리의 벽돌 역시 값이 내려갈 것이다. 하지만 화재나 지진이 발생하는 것은 국가적인 손해이지 않은가. 가장 비싼 시장에 팔라고? 그것도 좋다. 무엇이 시장을 값비싸게 만든다고 생각하는가? 당신이 오늘 빵을 잘 팔았다고 치자. 그것이 다시는 빵을 살 일이 없는 죽어가는 남자에게 그의 마지막 남은 돈을 받고 판 것인지, 내일이 되면 당신의 재력을 능가해서 당신의 농장을 살 수도 있는 부자에게 판 것인지, 아니면 당신이 재산을 맡겨놓은 은행을 털 군인에게 판 것인지 알 수 없지 않은가?

당신은 이런 것들에 대해서 아무것도 알 수 없더라도 단 한 가지 알 수 있는 사항이 있다. 그것은 바로 당신이 하고 있는 거래가 정당하고 성실한 것이었는가, 그것이야 말로 이 거래에서 당신이 걱정해야 할 필요가 있는 것 전부이다. 이것을 확실히 해야만 누군가를 약탈하거나 죽음으로 몰아가지 않는 상태를 궁극적으로 세상에 가져오기 위해 당신의 몫을 다하게 되는 것이다.

돈의 주된 가치는 타인을 지배할 수 있는 힘에 있다는 것이 증명되어왔다. 그러므로 이 힘 없이는 아무리 많은 물질적 소유물도 쓸모없으며, 그런 힘을 가진 사람은 물질적 소유물에 대한 필요성이 비교적 떨어진다. 물론 사람을 지배하는 힘은 돈 말고도 다른 수단으로 얻을 수 있다.

이 도덕적 힘 안에는 좀 더 묵직한 화폐가 상징하는 것만큼이나 실질적인 화폐의 가치가 있다. 인간의 손에는 보이지 않는 황금이 가득 쥐어있을지도 모른다. 그리고 그것을 들고 흔들어 보이거나 움켜잡는 것이 황금을 소나기처럼 뿌리는 사람보다 더 강한 힘을 행사할 수도 있을 것이다.

그러나 그것만이 아니다. 부의 본질이 인간에 대한 지배력으로 이루어져 있기 때문에, 외관상의 부가 이 지배력을 얻는 데 실패하면 그것은 더 이상 부가 아니다. 그래서인지 최근 영국에서는 하인에 대한 우리의 권위가 절대적이지 않아 보인다.

결론적으로 부의 본질이 인간에 대한 지배력으로 이루어져 있기에 부의 지배를 받는 사람들이 고귀할수록, 또 그 수가 많으면 많을수록 부도 그만큼 커지지 않을까? 조금 더 생각해본다면 어쩌면 금이나 은이 아닌 사람 그 자체가 부라고 볼 수도 있을 것이다. 진정한 부의 광맥은 붉은 색이며, '암석'이 아닌 '인간' 속에 존재한다. 모든 부의 최종적인 완성은 원기왕성하고 눈이 반짝거리는 행복한 인간들을 되도록 많이 키워내는 것이다.

아직 꿈에도 생각해본 적이 없는 먼 미래의 일이 될지 모르지만, 기독교의 어머니로서 영국은 장차 골콘다의 다이아몬드로 자신의 노예의 터번을 장식하며 물질적 부를 과시하는 대신에 마침내 이교도의 어머니의 미덕에 도달하여 그 보물들을 얻은 다음, 그의 자식들을 데리고 나와, "이 아이들이 바로 '내' 보석입니다"라고 말할 수 있기를 감히 상상해본다.

제 3 편

공명정대한 정의

예수가 태어나기 몇 세기 전에 당대 최고의 부자가 된 것으로 기록된 (또 실질적인 지혜가 뛰어난 것으로 유명하기도 한) 한 유대인 상인이 자기의 장부에 부에 관한 일반적인 격언 몇 구절이 오늘날까지도 전해져 오고 있다. 중세의 가장 활동적인 무역상이었던 베네치아 사람들은 그 격언들을 존경한 나머지 그 유대인의 동상을 주요 건물 모퉁이에 세웠다. 그런데 최근 들어 그 격언들은 근대의 상업정신에 반대된다는 이유로 악평을 받고 있다.

예를 들어 한 구절에서 그는 이렇게 말했다. "거짓말하는 혀로 부를 얻는 것은 죽음을 구하는 자들에게 던져진 안개와도 같은 덧

없음과 다름없다." 그리고 또 다른 곳에서 같은 의미를 덧붙여서 "부정하게 얻은 부는 어떠한 이윤도 남기지 못하지만, 진실은 죽을 사람도 건져 낸다."

이 두 구절에서 주목해야 할 점은 부당한 수법으로 얻은 모든 부의 궁극적인 결과는 오로지 죽음뿐이라는 사실이다. 우리는 '거짓말하는 혀'를 '거짓말하는 상호, 타이틀, 포장 혹은 광고'로 바꾸어 넣어 읽으면 근대의 상업에서 이 단어들이 의미하는 바를 보다 명확하게 이해할 수 있을 것이다.

다시 한 번 그 유대인 현자는 "자신의 재산을 늘리기 위해 가난 사람을 박해하는 자는 가난해질 뿐이다."라고 말하고 있다. 그리고 다시 강한 어조로 "가난하다는 이유로 가난한 자를 탈취하지 말고, 상업의 장에서 곤고한 자를 억압하지 말라. 신이 그들을 괴롭힌 자들의 영혼을 빼앗으실 것이니라."라고 말했다

이 '가난하다는 이유로 가난한 자를 약탈'하는 것은 특히 상업이라는 형태의 도둑질인데, 그의 노동력이나 재산을 헐값에 얻기 위해 그 사람의 곤궁을 이용하는 것이다. 통상 강도들은 부유한 자들을 약탈하고, 상인들은 가난한 자들을 약탈한다.

그러나 가장 주목할 만한 다음 두 구절에 주목해보자.

"부유한 자와 가난한 자가 만났다. 주님이 그들을 창조했다."
"부유한 자와 가난한 자가 만났다. 주님이 그들의 빛이다."

그들이 '함께 만났다'는 것은 다름이 아니라 이 세상이 존재하는 한 부와 빈곤의 작용과 반작용이 마치 강물이 흘러 바다에 이르듯 세상에 정해진 법칙이라는 것이다. '신이 그들의 창조자이다.' 하지만 이 작용은 온화하고 정당한 것이 될 수도 있거나, 격동적이고 파괴적인 것이 될 수도 있다. 그것은 모든 것들을 집어삼킬 듯한 홍수처럼 격렬하게 이루어질 수도 있고, 요긴한 물결처럼 잔잔하게 이루어질 수도 있다. 이것들 가운데 어느 것이 될지는 부자와 빈자가 신이 그들의 빛임을 알고 있느냐 없느냐에 달려있다.

강물의 흐름은 어떤 면에서 보면, 부의 작용을 보여주는 완벽한 이미지라 할 수 있다. 물은 땅이 가라앉은 곳으로 흐른다. 부는 필요한 곳으로 흐르게 되어 있다. 부의 강물이 어떻게 배치되고 관리되느냐는 미래에 대한 고려에 따라 바뀔 수 있다. 그 흐름이 저주가 될지 축복이 될지는 인간의 노동과 관리하는 지식의 힘을 어떻게 실행하느냐에 달려있다. 토양이 비옥하고 천혜의 기후환경을 타고난 세계 곳곳의 지역이 수세기에 걸쳐 그곳을 흐르는 강물의 횡포 때문에 황무지로 남겨져 있다. 황무지일 뿐만 아니라 전염병으로 얼룩져있다. 강물을 잘 관리하면, 그것은 밭에 물을 대면서 천천히 흐르고, 공기를 정화시키며, 인간과 짐승에게 양식을 제공하고, 그들을 대신해 무거운 짐을 제 가슴에 싣고 날랐을 것이다. 하지만 이제는 평야를 휩쓸고, 공기를 오염시키며, 전염병을 퍼뜨리고, 기근을 야기하고 있다.

같은 방식대로 인간의 법은 부의 흐름을 유도할 수 있다. 흐름을 이끄는 도랑과 흐름을 막아내는 둑으로 철저히 물을 통제하면, 그 물은 '생명의 물' — 지혜의 손에 있는 부가 될 것이다. 반대로 멋대로 흐르도록 내버려 두면 나라의 재앙 가운데 가장 치명적이고 파국적인 '마라의 물' — 모든 해악의 근원을 배양하는 물이 될 수도 있다.

그런데 기묘하게도 평범한 경제학자들은 자신들의 '학문'을 정의할 때 분배와 제한에 대한 이런 법칙의 필요성에 대해 간과한다. 그들 경제학을 '부자가 되는 학문'이라고 부른다. 부자가 되는 기술이 널려 있는 것처럼 부자가 되는 학문도 많다. 중세시대에는 재산이 많은 사람들을 독살하는 것이 널리 행해졌지만, 지금 재산이 적은 사람들의 음식에 불순물을 섞는 것이 더 횡행하고 있다. 이 모든 것들은 부자가 되는 학문 또는 기술이라는 총괄적 항목에 포함시킬 수 있다.

따라서 경제학자들은 자신의 학문을 부자가 되는 학문으로 부를 경우에는 그 성격을 제한하는 특정한 관념을 덧붙여야만 할 것이다. 그렇다면 그가 경제학을 '합법적이거나 정당한 수단으로 부자가 되는' 학문을 의미한다고 가정해보자. 여기서 '정당'이라는 말과 '합법적'이라는 말 중 어떤 말이 끝까지 살아남을까? 합법적이라고 부를 수 있는 절차들은 결코 정당하지 않은 어떤 일련의 행위들은 합법적이지 않을 가능성이 있기 때문이다. 그리하여 경제학을 정의할 때 '정당'이라는 단어만을 끝까지 남긴다면, 과학적으로 부자가 되기 위해서 우리는 정당하게 부자가 되어야 하고, 그러므로 무엇이 정당한 것인지를 알아야한다. 쥐나 늑대들처럼 물고기들도 수요와 공급의 법칙에 의거하여 살아가는 특전을 누리고 있지만, 도덕적 법칙에 의해 살아가는 것이 그것들과 구별되는 우리 인간의 특징이다.

그러므로 우리는 노동의 보수에 관한 정의의 법칙은 무엇인가를 고찰해야만 한다.

내 이전 논문에서 서술되었던 것처럼, 금전적 보수란 근본적으로 누군가가 오늘 우리를 위해서 쓰는 시간과 노동에 대해 다음에 그가 요구할 때는 언제라도 그것과 동등한 시간과 노동을 그에게 제공하거나 알선해주겠다는 약속이다. 그가 우리에게 제공한 노동보다 적은 노동을 주기로 했다면, 우리는 그에게 보수를 덜 준 것이다. 그가 우리에게 제공한 노동보다 많은 노동을 주기로 약속했다면, 그에게 보수를 더 준 것이다.

예를 들어 두 사람이 일할 준비가 되어 있고, 그 일을 마치는 데 한 명만 필요할 때, 그 두 사람은 그 일에 대해 서로보다 낮은 가격을 제시할 것이고, 일을 하게 되는 사람은 저임금을 받는 꼴이 될 것이다. 그러나 일을 하는데 두 사람이 필요하고 오직 한 사람만이 일을 할 준비가 되어 있을 때 , 두 사람은 서로보다 높은 가격을 제시할 것이고, 일을 하게 되는 사람은 초과임금을 받게 될 것이다. 따라서 도덕적이고 정당한 지불의 핵심 원리는 바로 이 두 부당한 상황 사이에서 찾을 수 있다.

올바로 관리된 노동이 씨앗과 마찬가지로 결실이 풍부한 것처럼, 먼저 제공된 혹은 '선불'로 제공된 노동을 나중에 갚을 때는 그 열매(이른바 '이익')를 고려해서 더 많은 양의 노동으로 갚아서 균형을 맞춰야 한다. 그러므로 전형적인 형태의 거래는 다음과 같이 이루어질 것이다. 오늘 당신이 나에게 한 시간을 제공했으면 나는 당신이 요구할 때 한 시간하고 5분을 더 제공할 것이다. 오늘 당신이 나에게 빵 1파운드를 주면 나는 당신이 원하는 때 빵 17온스(1파운드=16온스)를 갚을 것이다.

자 이제 두 명이 일할 준비가 되어 있고 내가 반값에 일하겠다고 한 사람을 고용한다면, 그는 못 받은 반값만큼 굶을 것이고, 다른 한 명은 실직할 것이다. 설령 내가 고용한 노동자에게 온전한 임금을 지불한다고 하더라도, 다른 한 명은 실직 상태일 것이다. 그 대신 내가 고용한 노동자는 굶지 않아도 될 것이고, 나는 내 돈을 정당한 용도로 쓴 것이다. 내가 만일 정당한 임금을 내 일꾼에게 지불한다면 사치품에 돈을 낭비하거나 세계의 빈곤의 부피를 늘리는 데 기여할 불필요한 부를 축적하지 않을 수 있을 것이다. 내게서 적절한 임금을 받은 노동자는 다시 그가 필요해서 고용한 일꾼들에게도 역시 정당하게 행동할 것이다. 그러므로 정의의 강물은 마르지 않을 것이고, 더 나아가면서 힘을 얻게 될 것이다. 그리하여 그러한 정의감을 가진 국가는 행복하고 번성할 것이다.

우리는 경제학자들이 경쟁이 국가에 유리하다는 생각을 하는 것이 틀렸다는 것을 발견할 수 있다. 경쟁은 구매자들이 노동력을 부당한 방식으로 저렴하게 얻을 수 있도록 하고 부유한 자들을 더 부유하게, 가난한 자들을 더 가난하게 만들 뿐이다. 그것은 장기적으로 봤을 때 국가가 망하는 길이다. 일꾼은 자기의 능력에 따른 정당한 임금을 받아야 한다. 그렇게 되면 경쟁 비슷한 것이 일어난다고 하더라도, 사람들은 행복하고 자신이 가진 기술에 능숙해질 것이다. 왜냐하면 그들은 서로를 상대로 낮은 값의 노동력을 제시하지 않는 대신, 고용을 유지하기 위해 새로운 기술을 습득할 것이기 때문이다. 이것이 바로 직책에 따라 봉급이 정해지는 공직이 갖는 매력의 비밀이다. 공무원이 되려는 자들은 자신이 남보다 더 낮은 봉급을 받고 일할 수 있다고 제안하는 것이 아니라 그가 자신의 경쟁자들보다 더 능력이 있다고 주장해야 하는 것이다.

육군이나 해군의 경우도 부패 행위가 적게 일어나는 점에서는 비슷하다. 하지만 상거래나 제조업에서 억압적인 경쟁이 일어나 사기나, 속임수나 절도 같은 짓들이 벌어지곤 한다. 더구나 형편없는 제품들도 만들어진다. 제조업자, 노동자, 소비자 각자가 서로의 이익에만 눈이 멀어있을 때는 모든 사람들 간의 교류활동에 크나 큰 독이 된다. 노동자들은 굶주려서 파업에 들어가고, 제조업자들은 악당이 되며, 소비자들은 자신들의 행동에 도덕적으로 무감각해진다. 한 가지의 부당한 행동이 많은 사람들에게 영향을 미치고, 결국에는 고용자, 직공, 그리고 고객들 모두가 불행해지고 파멸로 내닫게 될 것이다. 사람들이 그렇게 쌓아올린 부는 결국 그들 사이에서 저주로 작용할 것이다.

경제학의 통설이 역사상 학문으로 인정받는 것만큼 인류 지성에 수치스러운 일은 없었다. 역사상 한 국가가 공인된 종교의 근본원리에 대해 조직적인 불복종을 확립한 경우를 전에 본 적이 없다. 우리가 (말로는) 신성한 것이라고 여기는 저작들을 보면, 돈을 사랑하는 것은 모든 악의 근원이며 신이 혐오하는 우상숭배라고 비난하고 있다. 뿐만 아니라 재물을 섬기는 것과 신을 섬기는 것은 정반대이기 때문에 양립할 수 없다고 선언하고 있다. 그리고 그 책들은 절대적인 부와 절대적인 가난에 대해 말할 때마다 부유한 자는 필히 화를 입을 것이며, 가난한 자는 필히 복이 있을 거라고 말하고 있다.

진정한 경제학은 정의의 경제학이다. 사람들은 정당하고 옳은 일을 하도록 배우는 한 행복할 것이다. 그렇지 않은 모든 사람들은 허영에 사로잡힐 뿐만 아니라 곧장 파멸로 향할 것이다. 수단을 가리지 않고 부자가 되는 방법을 사람들에게 가르치는 것은 그들에게 어마어마한 해를 끼치는 짓거리다.

제4편

가치에 따라서

우리는 경제학을 근간으로 하는 관념이 어떻게 우리를 잘못 이끌고 있는지를 보았다. 경제학 이론이 실행에 옮겨지면 개인과 국가를 불행하게 만들뿐이다. 가난한 사람은 더 가난해지고 부자는 더 부유해지며 아무도 더 이상 행복하지 않는다.

지금의 경제학은 인간의 수행방식을 고려하지 않고, 부를 축적하는 것이 번영의 표식이며, 국가의 행복이 오로지 국가의 부에 달려있다고 설명하고 있다. 더 많은 공장이 더 많은 행복을 불러온다고 열변을 토하고 있다. 그러므로 봄바람을 타고 자신의 동네 농장을 떠나 도시로 날아온 홀씨같은 사람들이 소음과 암흑과 치명적인 악취 속에서 자신들의 삶을 갉아 먹히고 있다.

이러한 현상은 국가의 뼈대를 썩게 하고 탐욕과 악덕의 몸집을 불리게 한다. 만일 누군가가 악을 근절하기 위한 조치에 대해 말한다면, 소위 현명하다고 하는 자들은 가난한 자들이 교육을 받는 것은 아무런 소용이 없으며, 그냥 놔두는 것이 최선이라고 말할 것이다. 하지만 그들은 가난한 자들의 악덕에 부자들의 책임이 있다는 것을 잊고 있다. 가난한 자들은 부자들의 사치품을 공급하기 위해 노예처럼 일하기 때문에 더 나은 삶을 위해 자기 것을 챙길 새가 없다. 부자들을 시기하는 가난한 자도 역시 부자가 되려 하고, 그러한 노력이 수포로 돌아가면 분노한다. 그러면 그들은 이성을 잃고 완력과 사기로 돈을 벌려고 시도한다. 이처럼 부와 노동은 모두가 결실을 맺지 못하거나 교묘한 속임수에 이용된다.

노동이라는 단어의 진정한 의미는 유용한 물품들을 생산하는 데 있다. 유용한 물품이란 음식, 의복, 주택과 같이 인간의 삶을 지속시키는 것들이며, 인간이 자신의 삶에 주어진 역할을 최선을 다해 이행하고, 또한 타인의 삶에 도움이 되도록 영향을 미칠 수 있는 것을 말한다.

부자가 되고자 큰 공장을 지으려는 사람은 죄를 짓게 될지도 모른다. 많은 사람들이 부를 축적하지만 부를 올바르게 사용하는 사람은 아주 드물다. 국가를 파멸의 길로 이끄는 축적된 부는 아무런 쓸모가 없다. 근대의 자본주의자들은 인류의 탐욕에서 비롯된 부당한 전쟁이 만연해 있는 사태에 책임이 있다.

몇몇 사람들은 대중의 처지를 개선하기 위한 지식을 전파하는 것은 불가능하다고 말한다. 그러므로 좋은 게 좋은 거라 생각하며 부를 축적하자고 한다. 하지만 이것은 부도덕한 삶의 태도이다. 탐욕에 굴복하지 않고 윤리규정을 준수하는 선량한 사람은 절제된 마음가짐으로 옳은 길에서 벗어나지 않으며 자신의 행동으로 타인의 모범이 된다. 한 국가의 구성원인 개인들이 부도덕하다면 그 국가 역시 부도덕해지기 마련이다. 우리 스스로가 내키는 대로 행동하면서도 타인의 잘못된 행동을 꾸짖는다면 그 결과는 그저 실망스러울 뿐일 것이다.

이와 같이 우리는 돈이 행복뿐만 아니라 불행까지도 만들어내는 도구일 뿐이라는 사실을 알았다. 그것이 선량한 사람의 손에 주어진다면 땅을 일구고 수확물을 얻는 데 도움이 될 것이다. 경작자들이 완전한 만족감을 느끼며 일하게 되고 국가는 행복해진다. 하지만 악덕한 사람에게 그 돈이 주어진다면, 예를 들어 사람들을 향한 화약이 그 제조자들을 향해서도 터지게 되는 상황을 만드는 데 일조하게 된다. 이는 '삶 없는 부'Wealth but Life는 존재하지 않는다는 것을 의미한다. 고귀하고 행복한 사람들을 대폭 육성하는 데 양분을 공급하는 나라는 가장 부유한 나라이며, 자신의 인생에서 스스로의 역할에 최선을 다하는 사람이 가장 부유한 사람이다. 그런 사람의 삶과 그의 소유물은 또한 다른 사람들의 삶에 두루 도움이 되는 영향을 미친다.

지금은 방종에 빠져있을 때가 아니다. 우리 각자가 스스로의 역량에 따라 노동을 해야 할 때다. 한 사람이 게으르게 살면, 다른 사람이 두 배의 일을 해야 한다. 이것이 영국의 가난한 자들이 곤경에 빠진 이유이다. 보석 세공과 같은 소위 노동이라고 불리는 것들은 무가치하고 전쟁에서 파괴적으로 쓰이기까지 한다. 그것은 국가 자산의 감소를 초래하며, 노동자 자신에게도 득이 될 일이 없는 짓이다. 마치 사람들이 고용이 되었지만 실상은 놀고 있는 것과 다름 없다. 부자들은 돈을 함부로 쓰며 가난한 자들을 억압한다. 고용주와 고용인들은 서로에게 단검을 겨누게 되고, 인간은 짐승과 다를 바 없는 수준으로 떨어져버린다.

결론

　　여기에 재해석 된 러스킨의 책은 기존 대상 독자인 영국인들 못지않게 인도인들에게도 많은 가르침을 주고 있다. 새로운 관념들이 인도에 감돌고 있다. 서양에서 교육을 받고 돌아온 우리나라 젊은이들은 기고만장해 있다. 그들의 열정을 올바른 곳으로 이끌지 않으면 우리에게 해가 되기만 할 것이다.

　　지금 우리나라에서는 "독립(Swaraj, 스와라지)을 쟁취하자!"가 하나의 슬로건이며, "나라를 산업화시키자!"가 또 다른 슬로건이다. 하지만 정작 우리는 독립이 무엇인지 잘 알지 못하고 있다. 그 예로 남아프리카공화국 나탈Natal주[2]는 독립을 이루었지만, 흑인들이 짓밟히고 인도인들이 핍박받고 있는 그곳의 독립에는 구린내가 진동

영국의 군인이자 정치가, 얀 크리스티안 스머츠(Jan Christian Smuts; 1870-1950). '보어전쟁' 당시 남아공의 사령관으로 파견되었던 그는 1919년부터 1924년까지, 그리고 1939년부터 1948년까지 남아프리카 연방의 수상을 지냈다.

한다. 설사 어떤 계기로 흑인들과 인도인들이 나탈을 떠나더라도, 그곳의 백인들은 자기들끼리 싸움을 멈추지 않고 자멸할 것이다.

나탈의 스와라지와는 다르게 트란스발Transvaal에서 우리는 진정한 독립을 얻을 수 있을 것일까? 트란스발의 지도자 중 한 사람인 스머츠 장군General Smuts은 약속 어기기를 밥 먹듯 하는 자이

---

2) 남아프리카 공화국 남동부에 위치해 있으며, 4개의 주 가운데 가장 작다. 동쪽은 인도양, 남쪽은 케이프 주, 서쪽은 레소토, 오렌지 자유주, 트란스발, 북쪽은 에스와티니, 모잠비크와 접해 있다. 이 지역에는 작은 흑인 공화국(옛 반투 홈랜드) 트란스케이가 있다.

고 말과 행동이 다른 인물이다. 그는 영국인 경찰 제도를 없애고 그 대신 아프리카 본토인들을 고용했다. 나는 이것이 장기적으로 봤을 때 그 두 국민들에게 도움이 될 것이라고 생각하지 않는다. 이기적인 사람들은 약탈할 '국외자들'이 더 이상 남아있지 않을 때 자국민을 약탈한다. 그러므로 스와라지는 더 이상 한 나라를 행복하게 만드는 데 충분한 요소가 아닌 것이다. 스와라지[3]가 도적떼에게 주어진다면 무슨 소용이 있겠는가? 사람들은 강도가 아닌 선한 자의 통제를 받았을 때 가장 행복해진다. 미국, 영국 그리고 프랑스를 예로 들자면, 그들이 강력한 국가라는 것은 누구나 아는 사실이지만 그 국민들이 정말로 행복하다는 생각은 들지 않는다.

진정한 스와라지는 자제력을 뜻한다. 도덕률을 지키며 스스로를 통제할 수 있는 사람만이 부정을 저지르거나 진실을 포기하지 않고, 자기의 부모, 아내, 아이들, 하인, 그리고 이웃들에 대한 자신의 책임을 다한다. 그러한 사람만이 어느 곳에 있든지 스와라지를 누릴 수 있는 것이다. 이것의 연장선상으로, 선한 시민들이 많다는 것을 자랑할 수 있는 나라만이 스와라지를 누릴 수 있다. 어느 한 사

---

3) Swaraji; 영국의 지배를 벗어나서 독립을 획득하려는 목적으로 1906년 인도에서 일어난 자치 운동이다. ─옮긴이 주.

람이 다른 사람을 지배하는 것은 옳지 못하다. 영국이 인도를 통치하는 것은 악한 일이다. 그렇지만 영국이 인도를 떠난다고 해서 모든 일들이 잘 풀릴 거라는 안일한 생각는 말아야한다. 인도에 대한 영국의 통치는 우리 내부의 분열과 부도덕성과 무지 때문에 일어난 일이다. 이러한 국가적 결함을 극복한다면, 총 한방 쏘지 않고도 영국은 인도를 떠날 뿐만 아니라 우리는 진정한 스와라지를 누릴 수 있을 것이다.

몇몇 어리석은 인도인들은 전쟁을 반기지만, 만일 인도에 있는 영국인들을 모조리 죽여 버린다면, 그 살인자들이 인도의 통치자가 되기 때문에 주인이 변하는 것 밖에 달라지는 것은 하나도 없을 것이다. 현재 영국인들에게 투하되는 폭탄들이 그들이 없어진 이후에는 인도의 자국민들을 향할 것이다. 프랑스 공화국의 대통령[4]을 죽인 것은 프랑스인이었고, 미국의 클리블랜드 대통령[5]을 죽인 것은

---

4) 마리 프랑수아 사디 카르노(Marie Fran-ois Sadi Carnot; 1837−94)는 프랑스 제3공화국 5대 대통령을 지냈다. 1894년 6월 25일 연설을 하기 위해 마차를 타던 도중 아나키스트인 산테 제로니모 카세리오에게 암살당했다. ─옮긴이 주.

5) Stephen Grover Cleveland(1837−1908) ; 미국 역사상 유일하게 건너뛰기로 제22, 24대 미국 대통령을 지낸 그는 같은 민주당원들의 임명 청탁을 거절하는 등 청렴의 상징이었다. 초대 주미 공사 박정양이 1888년 1월 17일 백악관에 가서 클리블랜드에게 국서를 전했으며, 1889년 2월 13일부터 1905년 11월까지 사용한 주미 대한제국 공사관 개관식에 부인 프랜시스 클리블랜드가 참석해 우리와 인연도 있다. ─옮긴이 주.

프랑스 카르노 대통령과 미국의 클리블랜드 대통령

미국인이었다는 사실을 잊지 말자. 우리는 무조건적으로 서구를 모방해서는 안 될 것이다.

스와라지가 영국인들을 죽이는 범죄를 범하면서 얻을 수 있는 것이 아니라면, 거대한 공장들을 세우는 것으로도 이룰 수 없다. 그렇게 해서 금은보화는 쌓을 수 있겠지만 그것이 스와라지를 확립하도록 이끌지는 못할 것이다. 러스킨은 이 논점에 대해 최대한 증명해보였다. 서구 문명은 100년 혹은 50년밖에 되지 않은 아기에 불과하다. 그럼에도 유럽은 벌써 궁핍한 상태에 몰려있다. 우리는 인도가 유럽을 사로잡은 운명의 굴레에서 벗어날 수 있기를 기원한다. 유럽의 나라들은 서로에게 공격을 가하며 자멸하고 있고, 산더미처럼 쌓여있는 무기들 때문에 마지못해 침묵하고 있다.

언젠가 그 모든 것들이 폭발하고 유럽은 그야말로 이 땅의 지옥이 될 것이다. 그때가 되면 모든 유럽 국가들은 백인종들 빼고 나머지 인종들을 합법적인 먹이로 간주할 것이다. 짐승같은 인간의 탐욕스러움을 지배 동력으로 삼은 곳에서 도대체 무엇을 바라겠는가? 유럽인들은 까마귀 떼가 고깃덩이를 찾아 헤매는 것처럼 새로운 영토를 침범한다. 나는 이것이 모두 대량 생산하는 공장들 때문이라는 생각이 든다.

인도는 스와라지를 필히 이루어야 하지만, 도덕적으로 옳은 방법으로 이루어야한다. 우리의 스와라지는 어떠한 폭력과 산업화로도 이룰 수 없는 진정한 스와라지여야 한다. 인도는 한때 황금의 땅이었다. 인도인들이 그때는 황금으로 된 심장을 가졌기 때문이었다. 산천은 변하지 않았지만 우리의 부패 때문에 사막화되어버렸다. 현재 국가의 성격이 지닌 기본 형질을 금으로 바꾸어야만 다시금 황금의 땅으로 돌아갈 수 있다. 이러한 변화의 첫걸음을 이끌어 낼 수 있는 '현자의 돌'은 단 두 개의 음절로 되어있는 사탸(Satya, 진실)

라는 한 단어이다. 만일 모든 인도인들이 진실을 굳건히 고수한다면 스와라지는 저절로 우리에게 찾아올 것이다.